TIJEN ONARAN

BE YOUR OWN F*CKING HERO WORKBOOK

GOLDMANN

TIJEN ONARAN
mit Dagmar Zimmermann

BE YOUR OWN F*CKING HERO WORKBOOK

Mit Übungen, Tipps und Challenges zu deinem selbstbestimmten Leben

GOLDMANN

Alle Ratschläge in diesem Buch wurden von den Autorinnen und vom Verlag sorgfältig erwogen und geprüft. Eine Garantie kann dennoch nicht übernommen werden. Eine Haftung der Autorinnen beziehungsweise des Verlags und seiner Beauftragten für Personen-, Sach- und Vermögensschäden ist daher ausgeschlossen.

Wir haben uns bemüht, alle Rechteinhaber*innen ausfindig zu machen, verlagsüblich zu nennen und zu honorieren. Sollte uns dies im Einzelfall aufgrund der schlechten Quellenlage bedauerlicherweise einmal nicht möglich gewesen sein, werden wir begründete Ansprüche selbstverständlich erfüllen.

FSC
www.fsc.org
MIX
Papier | Fördert gute Waldnutzung
FSC® C147178

Penguin Random House Verlagsgruppe FSC® N001967

1. Auflage
Originalausgabe Januar 2024

in der Penguin Random House Verlagsgruppe GmbH, Neumarkter Str. 28, 81673 München
Layout und Illustrationen: Matthias Heyde, HeydeDesign
Covermotiv: Matthias Heyde, HeydeDesign
Umschlaggestaltung: Uno Werbeagentur, München, nach einem Entwurf von Matthias Heyde, HeydeDesign
Redaktion: Nina Schnackenbeck
Satz: Satzwerk Huber, Germering
Druck und Bindung: Pixartprinting, Lavis
Printed in Italy
EB · AnG
ISBN 978-3-442-31744-8

www.goldmann-verlag.de

INHALT

DREAMLAND

VORWORT

In jedem Fall wurde ich so schon oft bezeichnet. Und wenn du mein Buch *Be Your Own F*cking Hero. Trau dich - weil du es kannst* gelesen hast oder mir in den sozialen Medien folgst, dann weißt du, dass ich viel Mut gebraucht habe, um heute hier zu stehen, wo ich bin. Aber du darfst dir sicher sein: Nur weil ich inzwischen Unternehmerin, Investorin und Jurorin in der TV-Show *Die Höhle der Löwen* bin, heißt es nicht, dass meine Erfolge ein Selbstläufer sind, in meinen Unternehmen alles glattläuft, sich Invests immer direkt auszahlen und ich mich auf der Bühne nie verhaspele.

Nein, ich feiere nicht jeden Tag meinen Job. Und es gibt Zeiten, in denen ich alles hinschmeißen und auswandern will. Dann braucht es eine Weile, bis ich mich wieder motiviert bekomme. Mein Wundermittel, um mich nicht aufhalten zu lassen? Ich fokussiere mich auf mich selbst und vergleiche mich nicht – das würde mich nur Geschwindigkeit kosten und ausbremsen. Ich spüre mehr als Disziplin in mir. Es ist eine Passion für die Sache und der unbedingte Wille, Impact zu schaffen. Meine Themen: Diversität, Digitalisierung, Personal Branding, Sichtbarkeit, Female Empowerment. Ich will echte Veränderung in der Gesellschaft – und bin daher vermutlich resilienter als andere.

Damit keine Missverständnisse entstehen: Du musst nach dem Buch nicht den Schritt in die Selbstständigkeit wagen, ein eigenes Unternehmen gründen, investieren oder auf einer großen Bühne eine Key Note halten. Aber wenn wir es gemeinsam schaffen, dass du dich mehr traust, deine eigenen Wege gehst und ein selbstbestimmtes Leben kreierst, dann haben wir schon enorm viel erreicht. Ich sage immer: Babysteps sind auch Steps!

Also: Jetzt bist du dran, indem du mithilfe des Workbooks übst, über deine Gedanken, Vorsätze, Visionen, Ziele und Träume zu reflektieren und alles, was damit zusammenhängt, zu Papier zu bringen. Es gibt Mut-Momente im Buch (lass dich überraschen, was das ist!), du findest Top-und-Flop-Listen, Extra-Tipps, inspirierende Persönlichkeiten, motivierende Quotes – und an den Kapitelenden viel Platz für deine ganz persönlichen Gedanken. Du kannst alles in deiner ganz eigenen Geschwindigkeit erarbeiten, deine eigenen Schwerpunkte wählen – und das Buch auch mal einige Tage zur Seite legen. Wichtig ist das große Ganze: Was sind deine nächsten Schritte auf dem Weg zu deinen Träumen und Visionen? Welche Prioritäten setzt du in deinem Leben und warum? Welche Ziele stehen auf deiner ganz eigenen, persönlichen Liste? Und von welchen Themen möchtest du dich verabschieden, weißt aber noch nicht, wie und wann?

Warum ich glaube, dass man das, was einem wirklich wichtig ist, aufschreiben und festhalten sollte – so, wie ich es in diesem Workbook mit dir vorhabe? Weil ich es selbst tue! Regelmäßig schreibe ich mir zum Beispiel auch meine Erfolge auf, damit ich mir ihrer bewusst werde. Damit ich mich daran erinnern kann, wenn ich mal nicht weiterkomme und das Gefühl habe zu versagen. Und noch viel wichtiger: Jedes Jahr zum Jahreswechsel setze ich mich hin und nehme mir Zeit, um zu reflektieren und meine Erfahrungen, Erlebnisse und Learnings aufzuschreiben. Für einen Rückblick und eine Vorausschau. Was war gut, was ist nicht optimal gelaufen und warum? Was habe ich erreicht, wo will ich noch hin? Das ist meine Basis für das, was dann kommt: Ganz konkret setze ich mir zwei große Anker, sozusagen Jahresthemen, die ich im Blick behalte und die mich leiten, sollte ich mal vom Kurs abkommen oder abdriften. Ich glaube fest daran: Wer ganz konkret und schwarz auf weiß vor sich sieht, in welche Richtung es gehen soll, ist bereits ein ganz großes Stück näher an seinem Ziel.

Hand aufs Herz: Siehst du deinen Weg schon? Nimm dir einen Moment Zeit und notiere spontan an dieser Stelle, was deine beiden großen Anker für die nächsten Monate sind:

Ich bin gespannt, ob du – wenn du das Buch am Ende zuklappst – immer noch diese Anker verfolgen möchtest. Ob sie sich verändert haben. Oder ob du dich ganz anderen Themen widmen möchtest. Und egal, wie sich alles entwickelt: Bleib dir selbst treu. Ein 8-Wochen-Plan, den du am Ende des Buches findest und der dich auch in der Zeit danach begleitet, hilft dir dabei. Auch ich werde immer wissen, von wo ich gestartet bin. Das macht mich demütig, aber eben auch stolz. Denn ich bin nicht zu fordernd, zu direkt, zu auffällig, zu kritisch, zu provokant, zu viel – ich bin genau richtig. Und du bist es auch.

DEINE TIJEN

KAPITEL 01

ALLES AUF ANFANG: **SELF EMPOWERMENT**

Wenn ich zwei Menschen nennen müsste, die dafür verantwortlich sind, dass ich heute da bin, wo ich bin, dann sind das meine Eltern. Sie sind für mich Aufsteiger, Mutmacher und Vorbilder wie aus dem Bilderbuch. Als türkische Einwanderer haben sie sich aus dem Nichts alles selbst erarbeitet: Mein Vater war nach seiner Ankunft in Deutschland als Architekt tätig, meine Mutter als Verkäuferin in einem Schmuckladen. Finanziell war bei uns in der Familie immer alles eng gestrickt. Liebe gab's dagegen im Überfluss. Was meine Eltern mir stets vermittelt haben: „Du kannst alles schaffen, was du willst. Und wenn du etwas nicht schaffst, dann: Geh weiter."

Tatsächlich musste ich ganz schön oft weitergehen. Oder besser gesagt: erst einmal wieder aufstehen, nachdem ich hingefallen war. Aufstehen und weitergehen – für mich, meine Träume, meine Visionen. Am Anfang waren die Schritte besonders schwierig: unzählige Absagen im ersten Job, schwierige Chef:innen, später dann mitleidiges Lächeln und Schulterzucken, als ich von meiner Idee erzählte, mit *Global Digital Women* – dem ersten Unternehmen, das ich gegründet habe – Frauen-Netzwerke auf ein professionelles Niveau zu heben. Damit Geld verdienen? Vergiss es! Diversität und Geschlechtergerechtigkeit? Wer braucht das?

Heute bin ich froh, dass ich drangeblieben bin. Egal, ob es mein Praktikum im Europäischen Parlament, die Arbeit im Bundespräsidialamt oder auch mein Engagement als Investorin war – am Ende sind es diese ganzen Schritte, die das große Ganze ausmachen. Es braucht Zeit, Mut, Ausdauer, Selbstvertrauen, Glaube an sich selbst und die Gewissheit, dass andere auch kämpfen. Eins habe ich im Laufe der Jahre gelernt: Empowerment beginnt mit Self Empowerment.

ICH LIEBE DIE SÄNGERIN BEYONCÉ. AUF EINER FAN-SKALA VON 1 BIS 10 LIEGT MEIN SUPPORT FÜR BEYONCÉ BEI 13. MICH SELBST WÜRDE ICH AUF EINER 10 EINORDNEN. HAND AUFS HERZ: WIE VIELE PUNKTE WÜRDEST DU DIR GEBEN?

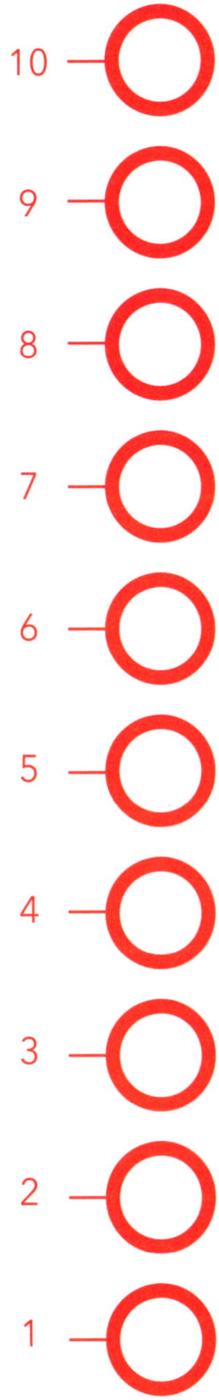

VORSTELLEN – ANDERS GEMACHT

Es war die Reise eines internationalen Leadershipprogramms, die mich vor einigen Jahren in die USA führte. Frauen aus aller Welt, alle bunt, alle bold. „Vielfalt bedeutet nicht eine, Vielfalt bedeutet viele“, sage ich ganz gerne. Und wenn es einen Beweis für diesen Spruch gebraucht hätte, hier war er. Klar, dass wir uns am ersten gemeinsamen Abend vorstellen mussten. Eine Sache, von der ich dachte, ich hätte sie aus dem Effeff drauf. Hatte ich auch, aber ich durfte lernen, dass es auch anders geht. Statt den eigenen Lebenslauf herunterzurattern, gab es eine Teilnehmerin, die nicht sagte, WAS sie macht, sondern WARUM sie es macht. Ich habe ihre Vorstellung als Inspiration genommen und wähle meine Worte seither anders als früher.

It's your turn! Schreib auf, wie du dich in Zukunft vorstellen möchtest. Bringe konkret auf den Punkt, was du machst und warum und welche Expertise du dafür mitbringst? Wer bist du, und was treibt dich an?

PLATZ FÜR DEIN FOTO!

NUTZE DIE VORLAGE, UM DICH VORZUSTELLEN!

EMPOWERMENT-SPRÜCHE SAMMELN

Ich liebe das Internet, vor allem Social Media. Alle, die mir auf Instagram und LinkedIn folgen, können es bezeugen: Social Media ist mein Tagebuch, und alle dürfen mitlesen. Sprüche, Quotes und Memes, die ich dabei entdecke, teile ich gerne. Weil sie mich empowern, mich zum Nachdenken anregen oder zum Lachen bringen. Beispiele gefällig? Los geht's!

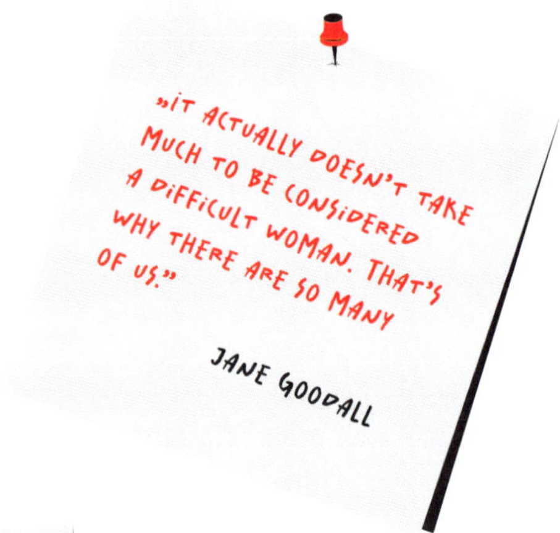

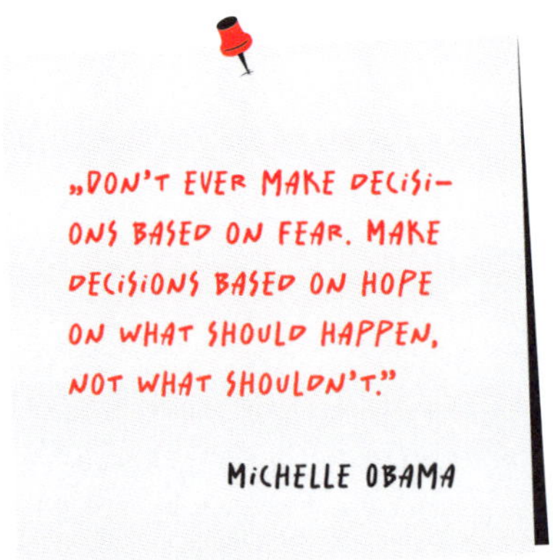

Dieser Platz ist für dich und deine Empowerment-Sprüche! Suchen, selbst schreiben, ausschneiden, ausreißen, sammeln – was auch immer du tust, hier ist der richtige Platz dafür.

MUTMACH-MOMENTE SCHAFFEN

Wenn wir über Mut sprechen, gibt es laut Duden eine klare Definition: „Fähigkeit, in einer gefährlichen, riskanten Situation seine Angst zu überwinden; Furchtlosigkeit angesichts einer Situation, in der man Angst haben könnte." Für mich bedeutet Mut, ich selbst zu sein und immer wieder für mich auf- und einzustehen. Oft genug war ich schließlich die Person, die anders war und als Exotin galt. Schon in der Schule bezeichneten mich meine Lehrer:innen als Muslima – obwohl ich mich nicht als gläubig bezeichnen würde und sehr liberal aufgewachsen bin. Als ich 2006 für die FDP und den Landtag in Baden-Württemberg kandidierte, war ich wieder die, die anders war. Mein Wunsch, auf Landesebene politisch aktiv zu sein, stieß bei alteingesessenen Lokal-Politikern auf wenig Gegenliebe. Was ich immer wieder gebraucht habe: Mut. Und sei dir sicher: Die Liste meiner Mut-Momente ist lang – und endlos verlängerbar. Was ich dir sagen möchte: Mit deinen Mut-Momenten musst du nicht dein ganzes Leben umkrempeln, auch Schritt für Schritt kannst du für Veränderung sorgen. Und ich sage dir, wie!

1. MUT-MOMENT

Social Media

Sei mutig genug, deine eigenen Posts zu machen, um dich im Internet zu präsentieren. *Nur wer sichtbar ist, findet auch statt,* hieß mein zweites Buch. Galt gestern, gilt heute, gilt immer. Schön und wichtig ist auch, Posts von anderen zu liken, zu teilen und zu kommentieren, wenn du jemanden unterstützen möchtest in seinem/ihrem Mut-Moment auf Social Media.

2. MUT-MOMENT

Vorträge und Panels

Stell dir vor: Du nimmst als Zuschauer:in an einem Vortrag oder Panel in deiner Firma, auf einer Veranstaltung oder online teil. Er ist gerade zu Ende gegangen, nun folgt eine Diskussionsrunde? Perfekt! Denn jetzt bist du dran! Trau dich, eine Frage zu stellen oder eine Anmerkung zu machen.

3. MUT-MOMENT

(Gehalts-) Verhandlungen

Natürlich gibt es feste Budget- und Jahresplanungen in Unternehmen. Aber egal, ob du dich für einen neuen Job bewirbst oder als Freelancer:in einen Workshop hältst: Du bist dein Geld wert. Heißt: Wenn dir ein Angebot gemacht wird, forderst du 20 Prozent mehr.

Schreib dir auf, in welchen drei Momenten du bald Mut aufbringen möchtest.

1.

2.

SCHREIB ES AUF!

3.

WHEN SOMEONE SAYS YOU CAN'T DO IT, DO IT TWICE AND TAKE PICTURES.

DIE EIGENE PERSONAL BRAND AUFBAUEN

Der Begriff *Self Empowerment* ist für mich eng mit Personal Branding verbunden. Dabei macht es für mich einen Unterschied, ob ich mich inszeniere oder positioniere. Das ist DEINE Chance, deine eigene Geschichte zu erzählen, bevor es jemand anderes tut. Denn sichtbar bist du, ob du es willst oder nicht. Aber: Du kannst deine Außenwirkung selbst in die Hand nehmen, statt eine Fremdwahrnehmung zu akzeptieren.

TO DOS

1. Fähigkeiten: Überleg dir, wo deine Talente und Kompetenzen liegen. Es ist sehr wichtig, darauf eine Antwort zu haben – oft bemerke ich, dass viele schon an dieser Frage scheitern.
2. Vision: Wohin willst du, und welche Schritte brauchst du, damit du das erreichst?
3. Publikum: Wen möchtest du ansprechen? Dein Publikum hängt von deinen Zielen ab.

NO GOS

1. Kein Ziel definieren
2. Kein Wertesystem besitzen
3. Personal Branding als reine Marketing-Masche sehen

MUT-MOMENT

Wenn du nicht weiterkommst und es dir schwerfällt, deine Fähigkeiten, deine Ziele und Visionen und das Publikum, das du ansprechen möchtest, zu finden, dann hole dir Rat von außen. (Ex-)Kolleg:innen waren mir in solchen Fällen immer eine echte Hilfe. Familie und Freund:innen sind dagegen oft voreingenommen.

SCHREIB ES AUF!

1. Meine Fähigkeiten:

2. Meine Visionen/Ziele:

3. Mein Publikum:

DEINE DANKESREDE AN DICH SELBST

Im Laufe meiner Karriere habe ich einige Preisverleihungen erlebt. Meine liebste: der Digital Female Leader Award (DFLA), den wir mit *Global Digital Women* initiiert haben, um Frauen aus der Digitalbranche Sichtbarkeit zu verleihen. Ich erinnere mich noch gut an den Moment, als Kenza Ait Si Abbou Lyadini beim DFLA 2018 ihre Auszeichnung im Bereich IT-Tech entgegennahm. Kenza ging auf die Bühne, nahm das Mikrofon in die Hand – und dankte sich selbst. Wie genial ist es, bitte schön, sich selbst zu danken? Und nicht an erster Stelle dem/der Partner:in, (ehemaligen) Chef:innen oder der Familie. Für mich ist das Self Empowerment next level – und ein perfekter Anstoß, hier und heute deine eigene Lobeshymne auf dich zu schreiben.

Liebes Publikum,

Eure

MEMO AN DICH: DEINE GEDANKEN, VISIONEN, IDEEN UND BILDER

SCHREIB
ES AUF!

SCHREIB
ES AUF!

SCHREIB ES AUF!

SCHREIB
ES AUF!

KAPITEL 02

POWER ON:
MINDSET IST ALLES

Viele meinen, meine Energie sei so endlos wie das Universum. Höher, schneller, weiter, Tijen. Hier ein Projekt, dort eine Key Note? *Count me in!* Ja, ich liebe und lebe meine Arbeit. Ich möchte die Welt besser und diverser machen, einen Impact schaffen. Da fällt es manchmal schwer, auf die Pausetaste zu drücken. Was aber, wenn die Energie plötzlich fehlt?

In den sozialen Medien teile ich mein Leben mit all seinen Höhen und Tiefen. Die wilde Achterbahnfahrt des Unternehmertums, schöne, traurige, witzige Momente und Begegnungen – all das findet sich auf Instagram, LinkedIn und Co. wieder. Wenn das Chaos zuschlägt, sind sogar die Wäschekörbe Teil meiner Storys, weil ich ehrlich zeigen will, dass man eben nicht Queen of Everything sein kann. 2022 war es, als ich eine tiefe, innere Unzufriedenheit spürte, sodass ich nicht einmal mehr die Kraft hatte, meinen Berg an Hausarbeit zu präsentieren.

To make a long story short: Es war ein Prozess, bis ich mich sozusagen neu gestartet hatte. Der erste Schritt dabei: Ich reflektierte mich, mein Mindset, meinen Fokus, meine Gedanken, meine Werte – und meine Beziehungen. Zu Freund:innen, zu Geschäftspartner:innen, zu Kund:innen. Und siehe da: Nicht jede dieser Beziehungen empowerte mich.

Das Wort „toxisch" wird heute gern inflationär benutzt. Aber ich muss sagen, dass das Klima in einigen Bereichen meines Lebens tatsächlich vergiftet war. Ich musste lernen: Wer mich klein macht und am Boden halten will, dem muss ich davonfliegen *#sorrynotsorry*. Ich traf also die Entscheidung, mehr Zeit mit Menschen zu verbringen, die mir rundum guttun. Denn die meiste Energie geben mir Personen, bei denen ich ungefiltert sein kann, wie ich bin.

Bist du bereit, zu einem Höhenflug anzusetzen und dich dafür von einigen unliebsamen Beziehungen zu verabschieden?

- [ ] Hell, yes!
- [ ] Ich würde gerne etwas ändern, aber es klingt kompliziert.
- [ ] Nein, es bleibt alles beim Alten.

Warum hast du diese Entscheidung gefällt?

POSITIVE GEDANKEN FÜR EIN STARKES SELBSTBILD

Sprüche, Quotes, Memes – nenne es, wie du willst, die Auswahl an klugen, aufbauenden Sätzen ist größer als das Ego von alten weißen Männern. Was früher der Kalender mit seinen Sinnsprüchen an Mamas Küchenschrank war, ist heute das Internet, in dem sich genau diese Inspirationsquellen nachgoogeln lassen. Nur ein Beispiel: „Achte auf deine Gedanken, denn sie werden zu Worten. Achte auf deine Worte, denn sie werden zu Handlungen. Achte auf deine Handlungen, denn sie werden zu Gewohnheiten." Genau – was denken wir eigentlich den lieben langen Tag und was macht das mit uns? Spoiler: Wer klein denkt, bleibt auch klein. Und wer sich selbst klein macht, kann nicht erwarten, dass sie nach außen hin wie eine Löwin wirkt.

SICHTBARKEIT

Wenn bei mir eine Keynote ansteht, leide ich kurz davor unter Herzrasen, Kurzatmigkeit und halte heimlich nach einem Fluchtweg Ausschau.
Was ich dann denke? „Kann ich bitte heimlich durch die Hintertür verschwinden ...?" - ein absolutes **NO** in Sachen Mindset!
Wie wäre es mit dem **GO:** „Tijen, sei stolz auf dich, du bist so weit gekommen, hast hart dafür gearbeitet, bist fit in den Themen. Außerdem: *It's not about perfection, it's about progress!"*
Solche Momente erlebe ich auch bei den Themen ...

PITCH

NO: Was, wenn die Idee unseres Unternehmens abgelehnt wird?

GO: Das klappt - und wenn doch nicht: Ein No ist nur die Abkürzung für ***N**ext **O**pportunity*, eine neue Chance.

Sport

NO: Ich werde es nie schaffen, fünf Kilometer schneller als in 30 Minuten zu laufen.

GO: Schau, wie weit ich schon gekommen bin! Es gab Zeiten, in denen ich gar nicht gelaufen bin und den Wecker ausgeschaltet habe.

Mode und Make-Up

NO: Ein auffälliger Look? Das fühle ich heute gar nicht.

GO: Kleiner Reminder an mich: Mein Lippenstift ist mein Schutzschild.

Schritt 1: Notiere an dieser Stelle Gedanken, die dir üblicherweise durch den Kopf gehen, zu den Situationen auf, die unten aufgeführt sind.

Schritt 2: Drehe sie um 180 Grad - ins Positive!

Was denkst du, wenn ...

... du vor deiner Führungskraft einen Kurz-Vortrag halten musst, aber zu spät dran bist?

NO: ....

....

GO: ....

....

... du nach langer Zeit wieder in deine Lieblingsstunde im Fitnessstudio gehst?

NO: ....

....

GO: ....

....

... du auf Instagram Paare siehst, die super-harmonisch wirken?

NO: ....

....

GO: ....

....

... die Mode, die jetzt im Trend ist, sehr bunt ist?

NO: ....

....

GO: ....

....

Stelle dir hier Situationen vor, die *du* im Alltag erlebst und bei denen du normalerweise negativ denkst. Verkehre sie im zweiten Schritt ins Gegenteil: Welche positiven Gedanken kannst du stattdessen in Zukunft dazu finden?

....

....

....

....

....

....

....

WERTE DEFINIEREN UND FÜR SIE EINSTEHEN

Eng mit dem Begriff Mindset sind für mich Werte verknüpft. Klar, dass auch ich hin und wieder meine Ideale verteidigen muss. Beispielsweise dann, wenn CEOs meinen, Diversity sei nur eine Modeerscheinung, und Regenbogenfarben seien die Weiterentwicklung des Christopher Street Day. Oder aber, wenn mir abgesprochen wird, Businessdeals verhandeln und gleichzeitig Cut-out-Kleider tragen zu können.

Ich habe für mich meine Werte klar definiert, was dazu führt, dass ich sie in Mut-Momenten verteidigen kann. Hier liest du, wie ich das mache:

1. MUT-MOMENT

Ich verbiege mich nicht.

Mir Vorschriften bei Moderationen, auf Panels und in Kleiderfragen machen? Nicht mit mir! Ich stehe für meine Worte und mein Outfit ein, nur dann fühle ich mich stark. Du siehst also immer und überall – *the real me.*

2. MUT-MOMENT

Ich fordere Respekt ein.

Fühle ich mich ungerecht behandelt, muss ich meine innere Diva zurückhalten. Gerade in Diskussionsrunden kommt es einfach vor, dass man sich fetzt. Ein bestimmtes Niveau sollte aber nie verlassen werden. Habe ich jedoch das Gefühl, genau das geschieht, dann werde ich sehr, sehr deutlich.

3. MUT-MOMENT

Ich bin loyal.

Klar, jede:r lästert mal, wenn sie oder er mit den engsten Freund:innen zusammensitzt. Was aber gar nicht geht: in der Öffentlichkeit schlecht über andere zu sprechen. Wenn ich so etwas mitbekomme, schalte ich mich ein und spreche das Thema direkt an. Die Menschen, über die da gesprochen wird, haben meine volle Rückendeckung. *You have my back!*

Mein innerer Wertkompass ist immer richtig ausgerichtet. Deiner auch? Damit du dich stets an deine Werte und Überzeugungen erinnerst, kannst du sie hier verewigen.

Meine größten Mut-Momente der vergangenen vier Wochen:

SCHREIB ES AUF!

MEIN EXTRA-TIPP: DAS LEBEN KANN EXTREM UNGERECHT SEIN. WER KENNT DAS NICHT? DER CHEF NERVT, DIE KOLLEGIN KÜNDIGT, (LEBENS-)PARTNER:INNEN ENTSCHEIDEN SICH, ANDERE WEGE ZU GEHEN. SO SCHLIMM DIE SITUATION AUCH SEIN MAG, DENK IMMER DARAN: ES. GEHT. WEITER. WICHTIG IST: NIEMALS DEN HUMOR VERLIEREN. DENN DU BIST WERTVOLL.

TSCHÜSS ENERGIE-RÄUBER, HALLO KRAFTSPENDER!

Energieräuber sind wie kleine Vampire, die dich aussagen und dir deine Kraft nehmen. Manche sind besser, manche weniger gut sichtbar, aber trotzdem immer da. Ich reflektiere regelmäßig darüber, was mir guttut – und was nicht. Meine Tops und Flops:

Ich bin mir sicher: Du kennst sie, die Faktoren in deinem Leben, die dich Energie kosten. Hier ist Platz, um sie aufzuschreiben. Sobald du deine Energieräuber notierst, rückst du sie in den Fokus und achtest in Zukunft automatisch darauf, dass sie dich nicht mehr (so stark) beeinflussen. Also, los geht's!
Ich verspreche dir: Es ist ein kleiner Aufwand mit großer Wirkung.

Diese Energieräuber eliminiere ich:

Stattdessen will ich Kraft tanken durch:

GLAUB AN DICH!

Mit Glaubenssätzen ist es so eine Sache. Um es vorwegzunehmen: Ich denke nicht, dass ein böser Wille dahintersteckte, als die eine Generation der nächsten diese seltsamen „Regeln“ an die Hand gab. Ich selbst hatte das große Glück, in einem liberalen Elternhaus groß zu werden. Dass mich meine Eltern jemals kleingehalten haben? Daran kann ich mich nicht erinnern!

Das Problem bei Glaubenssätzen ist: Sie brennen sich fest. Mein Paradebeispiel sind Poesiealben. Mit Sprüchen aus der Hölle. Mein Best-of – und was ich davon halte? *I proudly present:*

„SEI WIE DAS VEILCHEN IM MOOSE BESCHEIDEN, SITTSAM UND REIN. UND NICHT WIE DIE STOLZE ROSE, DIE IMMER BEWUNDERT WILL SEIN.“

„VOR DER HOCHZEIT KRIEGST DU ROSEN, NACH DER HOCHZEIT FLICKST DU HOSEN.“

„KOMMT DIR EIN SCHMERZ, SO HALTE STILL, UND FRAGE DICH, WAS ER VON DIR WILL.“

„SEI BRAV WIE EIN KANINCHEN, FLEISSIG WIE EIN BIENCHEN, SO SAUBER WIE EIN KÄTZCHEN, DANN KRIEGST DU AUCH EIN SCHÄTZCHEN“

Verrückt, wenn man bedenkt, dass es in jungen Jahren schon anfängt. Mädchen wird beigebracht, brav zu sein (und Jungs sollen sich austoben). Bloß nicht zu viel, zu laut oder zu irgendwas zu sein. Und schon gar nicht auffällig. Das setzt sich im Kopf fest. Viele Frauen erzählen mir, dass ihnen von Kindesbeinen an gesagt wurde: Sei bescheiden und dränge dich nicht in den Vordergrund. Ich finde: Es geht doch nicht um laut oder leise, sondern darum, sich nicht sagen zu lassen, wie man zu sein hat. Schon gar nicht wie ein Veilchen …

Ich würde mich am liebsten neben dich setzen, wenn du jetzt dein Poesiealbum herausholst und darin stöberst.
Zeit, die Sprüche aufzuschreiben und sie im Willkommen-im-21.-Jahrhundertstyle umzudichten!

SUCH DIR DEIN DREAM-TEAM

Energy flows where the focus goes. Das gilt meiner Meinung nach für das richtige Mindset UND für die Menschen, die an deiner Seite sind. Menschen, die mir wirklich extrem nahestehen, bezeichne ich gern als meinen Inner Circle. Von ihnen weiß ich, dass ich mir immer Unterstützung holen kann. Dazu zählen:

Marco. Er ist die Nummer 1 in meinem Inner Circle. Er ist schlau, ein Stratege und bester Dog-Father für unsere Hunde Paul und Leo. Und ganz nebenbei mit mir verheiratet. Gemeinsam haben wir unsere Unternehmen aufgebaut. Unzählige Male standen wir mit dem Rücken zur Wand – gegenseitig haben wir uns immer wieder aufgefangen. Was uns auch zusammenhält: Seine Geduld und unser Durchhaltevermögen. Marco fordert mich ziemlich heraus. Das ist oft anstrengend, noch viel öfter lässt mich das aber wachsen.

Laura, die meine Haare und mein Make-up macht. Ich habe aufgehört, die Jahre zu zählen, in denen Laura an meiner Seite ist. Sie ist neben mir, wenn ich lache – und hört zu, wenn mir vor Wut oder Enttäuschung fast die Tränen kommen. Laura besitzt eine unfassbar ruhige Art, ist eine unfassbar tolle Frau – ich lieb's, mit ihr zu arbeiten.

Freund:innen: Wenn ich mit mir hadere (irgendetwas ist ja immer), beruhigen sie mich und holen mich auf den Boden der Tatsachen zurück, indem sie mir versichern: Weißt du eigentlich, wie oft *mir* das schon passiert ist …?

Meine Eltern: *Family first* – wegen meiner Mama und meinem Papa sind regelmäßige Heimatbesuche in Karlsruhe-Downtown Pflicht.

Mein Rat an dich: Konzentriere dich auf Menschen, die dir guttun, und wende dich von denen ab, die dich auslaugen und dir schlechte Laune bescheren. Negative Beziehungen gehören bei mir der Vergangenheit an – was für ein Glück! Nicht nur bei Freund:innen und Bekannten habe ich festgestellt, dass da manches aus dem Ruder lief, sondern auch bei losen Kontakten. Sie luden mich zu Geschäftsevents, zum Dinner oder zu Preisverleihungen ein. Und mich beschlich das leise Gefühl, dass das kein Austausch auf Augenhöhe war, viel eher ein Präsentieren und Ausstellen. Ich, die Trophäe.

Wer tut dir gut, unterstützt dich, steht dir mit Rat und Tat zur Seite?

Wer tut dir gut, unterstützt dich, steht dir mit Rat und Tat zur Seite?

1. ....
Weil... ....
2. ....
Weil... ....
3. ....
Weil... ....

Wer gehört in deinen Inner Circle?

1. ....
Weil... ....
2. ....
Weil... ....
3. ....
Weil... ....

Und welche Menschen passen nicht mehr zu dir?

1. ....
Weil... ....
2. ....
Weil... ....
3. ....
Weil... ....

MEIN EXTRA-TIPP: PARTNER:INNEN IN CRIME – UNBEZAHLBAR. WENN MAN ABER SPÜRT, MAN KOMMT NICHT MEHR ZUSAMMEN: DIE BEZIEHUNG RESPEKTVOLL UND PERSÖNLICH BEENDEN.

BLEIB DRAN

21 Tage dauert es, um eine neue Gewohnheit einzuführen. 90 Tage, um das Ganze als Lifestyle zu etablieren – sagen Studien. Ich bin keine Wissenschaftlerin, weiß aber, dass man dranbleiben muss, um erfolgreich zu sein. Starker Kopf plus starker Körper – die Summe dieser Rechnung ergibt ein starkes Mindset. Damit das gelingt, hier meine ganz persönliche To-do-Liste und Motivations-Tipps, wenn es mal schwierig wird durchzuhalten:

Dankbarkeitstagebuch führen: Tut gut, ist gut. Besonders in Wochen, in denen mein Terminplan eng durchgetaktet ist und vielleicht mal nicht alles so läuft, wie ich es mir vorgenommen habe, mache ich mir gerne bewusst, was ich in den letzten Tagen alles erreicht habe. Ganz wichtig: Auch die kleinen Erfolge feiern!

Sport treiben: Weg vom Kraftsport, hin zum Laufen. Eine der besten Entscheidungen, die ich in den vergangenen Jahren getroffen habe. Okay, zumindest eine davon. Während ich mit Hanteln und dem eigenen Körpergewicht immer kompetitiv gegen mich trainierte, hilft mir das Laufen abzuschalten. Ein Fuß vor den anderen, für mich ist das schon fast meditativ. Witzig übrigens, dass man immer denselben Läufer:innen begegnet.

Unterstützung durch Telefonate mit Freund:innen, die bei mir auf Kurzwahl sind.

Serien schauen: Banal, I know. Und dennoch: Die Kardashians sind für mich echte Glücklichmacher – wie konnte ich jemals ohne sie leben? Für mich ebenfalls auf der Hot-Liste: witzige Reels, die ich mit Vorliebe auf meinem Insta-Kanal teile.

Das eine Patentrezept, wie du ein besseres Mindset erreichst, gibt es nicht. Deine Aufgabe ist, deine positiven Gedanken, deine Werte und deinen Glauben an dich selbst zu finden. Mit dem einen Ziel: glücklich und stark sein. Challenge accepted?

Meine neuen positiven Gedanken: ....

....

....

Meine Werte: ....

....

....

Meine neuen Glaubenssätze: ....

....

....

Meine Entspannungsmomente im Alltag: ....

....

....

Mein Fokus auf einer Skala von 1 bis 10:

- ◯ Familie
- ◯ Freunde
- ◯ Job
- ◯ Freizeit
- ◯ Urlaub
- ◯ Netzwerken
- ◯ Karriere
- ◯ Finanzen
- ◯ Mein Beitrag für Empowerment
- ◯ Selfcare und Fitness

MEMO AN DICH: DEINE GEDANKEN, VISIONEN, IDEEN UND BILDER

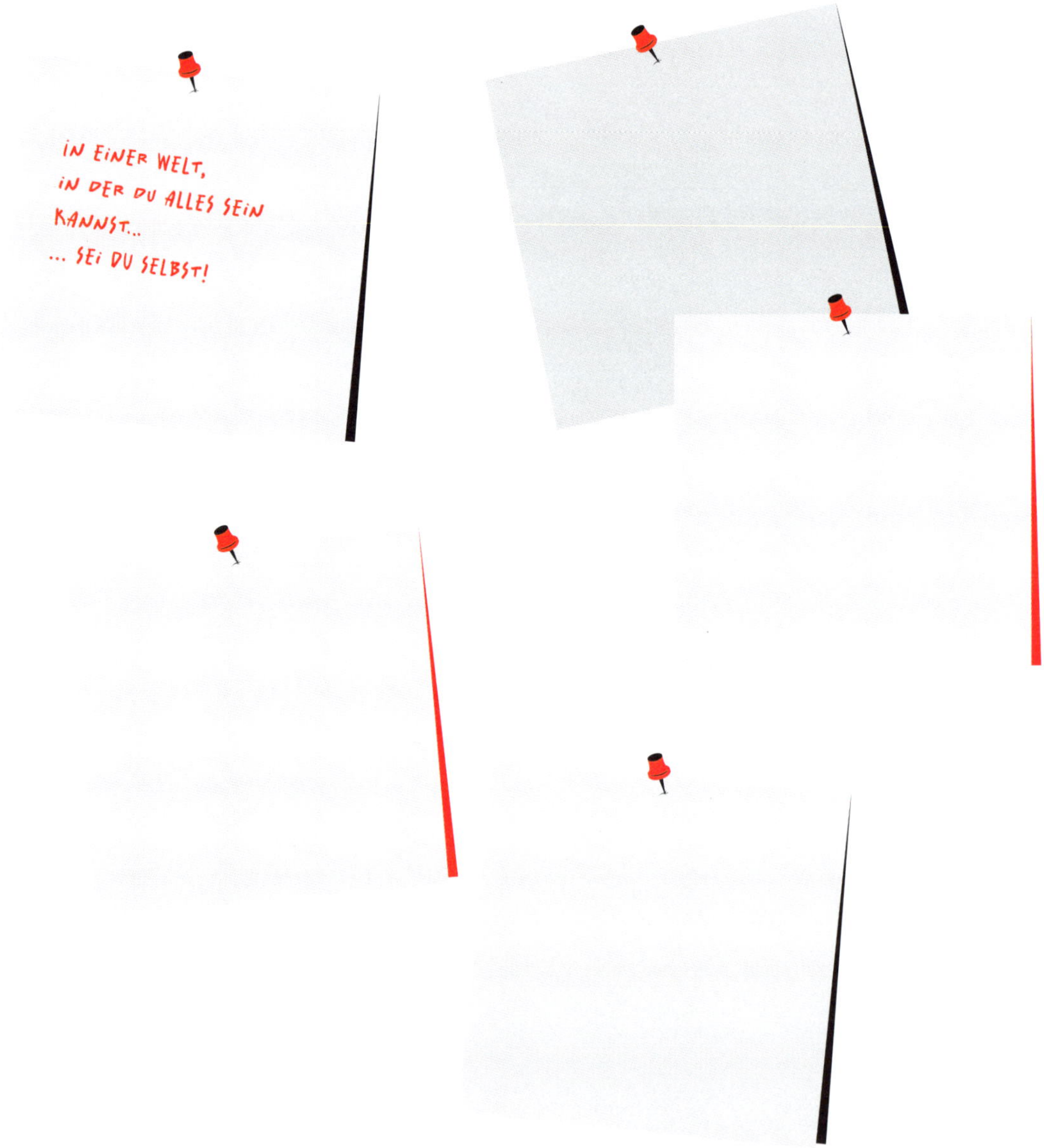

SCHREIB
ES AUF!

SCHREIB ES AUF!

SCHREIB ES AUF!

SCHREIB
ES AUF!

KAPITEL 03

NETZWERK-QUEEN: **WARUM EINE (FEMALE-)CREW SO WICHTIG IST**

Du und
dein Netzwerk

Oft werde ich gefragt, wie ich auf die Idee gekommen sei, mein Unternehmen *Global Digital Women* zu gründen. Dazu muss ich ein wenig ausholen. Denn: Den Ansatz, Menschen miteinander zu vernetzen und sie für eine Sache zu begeistern, verfolge ich eigentlich schon seit meiner Schulzeit. Wäre „Lehrer:in um den Finger wickeln" ein Schulfach gewesen, hätte ich wohl eine Eins mit Sternchen bekommen. Mathe „ungenügend", Mitarbeit „sehr gut" beschreibt es sehr treffend.

Später im Europäischen Parlament oder im Bundestag, an der Quadriga Hochschule in Berlin, wo es unter anderem um Leadership-Themen in PR, HR und Digitaler Transformation geht – ich liebte es, mehr über andere Menschen zu erfahren und sie zusammenzubringen. Als ich dann in der Digitalbranche durchstartete, waren Frauen noch kaum sichtbar. Was für eine Verschwendung von Talenten und Ressourcen! Mein Mann Marco war es, der mich dazu ermutigte, das zu ändern. Gesagt, getan. Ich schrieb an meinem Küchentisch Einladungen für mein erstes Netzwerktreffen in Berlin. Die Treffen wurden nach und nach größer, fanden in Städten wie Hamburg, München, Köln statt. Mit der Folge: *Global Digital Women* wurde daraus geboren.

Heute netzwerke ich auf unterschiedlichste Art und Weise. Auf Businessebene und in Unternehmen, mit einem Hintergrundkreis von Aufsichtsrät:innen, Vorständ:innen und CEOs. Auch mein persönliches Umfeld ist ein Netzwerk, das auf meiner Prio-Liste ganz oben steht. Das ist der Inner Circle, den ich dir im vorherigen Kapitel teilweise schon vorgestellt habe. Den Menschen darin vertraue ich zu hundert Prozent, sie sind für mich in guten wie in schlechten Zeiten da und hören sich stundenlange Podcasts an, die ich als Sprachnachricht an sie sende.

Manchmal wünschte ich, ich hätte solch ein Netzwerk schon früher gehabt. Schließlich gelang mir mein Aufstieg ohne Tennisplatz-Netzwerk und Golfplatz-Connection. Und so habe ich gelernt, mein eigenes Netzwerk aufzubauen.

NETZWERK LOADING …
WIE GUT BIST DU AUF EINER SKALA VON 1 BIS 10 IN SACHEN NETZWERK AUFGESTELLT?

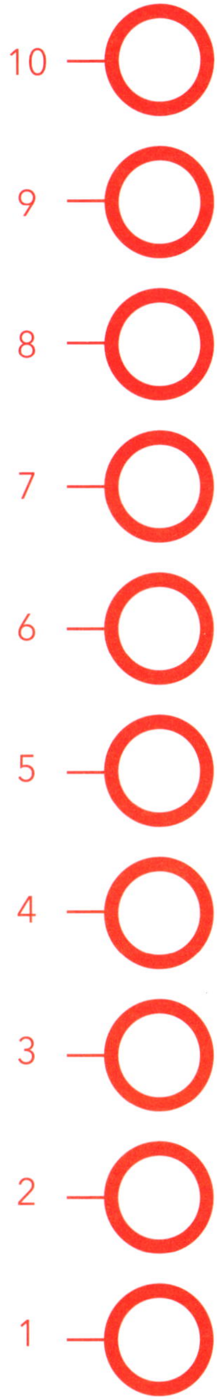
10
9
8
7
6
5
4
3
2
1

LASS UNS NETZWERKEN!

„Netzwerk ist die neue Rente. Der Job kann morgen weg sein, das Netzwerk bleibt.“ Ein Zitat, das ich vor einiger Zeit auf Instagram geteilt habe und dafür Tausende von Likes bekommen habe. Es zeigt, wie wichtig Netzwerken ist.

Meine Learnings zum Netzwerken für dich:

1. Qualität statt Quantität
Wie viele Kontakte du in deinem Telefonbuch gespeichert hast, ist nicht wichtig. Viel wichtiger ist, ob du die richtige Person im entscheidenden Moment anrufen kannst.

2. Investiere in dein Netzwerk, bevor du es brauchst
Wenn du dringend Hilfe brauchst, ist es meist zu spät. Pflege dein Netzwerk auf allen Ebenen und baue es auf, bevor du in der Krise steckst.

3. In der Krise zeigt sich, wer wirklich Teil deines Netzwerks ist
Erst wenn es mal nicht so läuft, wird klar, ob es dein Gegenüber ernst meint oder ob du für die andere Person nur Mittel zum Zweck warst.

4. Sichtbarkeit
Wofür stehst du, was zeichnet dich aus, womit beschäftigst du dich inhaltlich? Präsentiere es! Denn wenn du es nicht öffentlich, im Unternehmen oder in den sozialen Medien zeigst, wird niemand Kontakt zu dir aufnehmen und/oder inhaltlich an deine Themen anknüpfen können.

5. Netzwerken ist ein Geben und Nehmen
Netzwerke funktionieren nur, wenn du bereit bist, mehr zu geben als zu nehmen. Du baust dein Netzwerk nicht auf, damit dir möglichst viele Menschen helfen. Für eine Verbindung, die man für jemanden legt, sollte man niemals eine (direkte) Gegenleistung erwarten.

***Ready, set, go!* Nimm dir 30 Minuten Zeit, um zu reflektieren, was du für die einzelnen Punkte schon getan hast.**

Wie hoch ist die Qualität meines Netzwerkes? Und warum?

1. ....

2. ....

3. ....

Wann und wie investiere ich in mein Netzwerk?

1. ....

2. ....

3. ....

Auf wen kann ich immer zählen? Und warum?

1. ....

2. ....

3. ....

Wann und wie habe ich zuletzt für eigene Sichtbarkeit gesorgt?

1. ....

2. ....

3. ....

Wie habe ich zuletzt jemandem aus meinem Netzwerk geholfen?

1. ....

2. ....

3. ....

BAU DEIN EIGENES NETZWERK AUF

Ein berufliches Netzwerk aufbauen ist die eine Sache – wo aber finde ich überhaupt die passenden Menschen dafür? Die Antwort: digital und analog, schließlich geht es beim Networking darum, sich mit Menschen auszutauschen, Allianzen zu bilden und Pläne zu schmieden. Selten reicht es aus, Networking nur digital zu betreiben. Sosehr wir digitale Plattformen und Meetings zu schätzen gelernt haben, es geht doch nichts über den persönlichen Kontakt und ein Zusammentreffen live. Und klar, die nötige Portion Mut, Menschen anzusprechen, dich und deine Botschaft(en) zu platzieren, brauchst du immer ...

1.

Auf Events

Auf Veranstaltungen kommen Menschen zusammen: Viele bringen ein ähnliches Mindset mit. Das ist deine Chance, Menschen kennenzulernen, die zu deinem Netzwerk passen könnten und mit denen du eine Beziehung aufbauen kannst.
Zu wissen, welche Themen dein Gegenüber bespielt, welche (beruflichen) Entwicklungen er/sie durchgemacht hat und welche Zielgruppe er/sie anspricht, ist Gold wert und bringt dich im Gespräch weit nach vorn. Informiere dich also, wer zu der Veranstaltung kommt, und überlege dir Punkte, an denen du anknüpfen kannst.

2.

Im Unternehmen

Out of the box denken – und nicht nur unter den eigenen Kolleg:innen Kontakte knüpfen. Ein netter Anruf, eine sympathische Mail oder ein Hallo in der Kaffeeküche können Türöffner sein. Auch die Mittagspause ist ein Tool, das meiner Meinung nach völlig unterschätzt wird. Trau dich, dich mit anderen zum Lunch zu verabreden. Zu deinem Team an den Kantinentisch setzen? Das kannst du immer! Die Challenge ist doch: sich auch mit anderen zu unterhalten, so neue An- und Einsichten zu bekommen und dein Netzwerk um spannende Persönlichkeiten zu erweitern.

3.

Auf Social Media

Wahllos Kontaktanfragen auf LinkedIn verschicken? Besser nicht! Eine kurze Einführung und der Grund der Vernetzung – so viel Mühe sollte man sich schon geben, wenn man sein Gegenüber überzeugen möchte. Auch durch Liken, Kommentieren und Teilen von Posts und Storys bekommst du Sichtbarkeit und kannst dein Netzwerk erweitern. Im besten Falle nimmst du dir dafür pro Tag 15 Minuten Zeit.

Man nehme Mut, Rückenwind und mich als imaginäre Freundin – und heraus kommst du als perfekte Netzwerkerin. Was ist dein Vorhaben, wie konkretisierst du deine Ziele, was soll der Output sein? Wenn du es zu Papier bringst, bist du für die Live-Situation gerüstet.

Ich will .... auf einem Event ansprechen,

weil ....

....

Ich will .... in meinem Unternehmen ansprechen,

weil ....

....

Ich will .... auf Social Media ansprechen,

weil ....

....

Ich will ....

....

....

....

....

Ich will ....

....

....

....

....

Ich will ....

....

....

....

....

WIE DU KONTAKTE KNÜPFST – MEINE GOLDENEN REGELN

Netzwerke bringen neue Chancen mit sich, über Branchen, Hierarchien und Kulturen hinweg. Dabei gilt es, ein paar Regeln zu beachten.

TOP

- Gehe Schritt für Schritt und überfordere dich nicht. Es reicht, wenn du dir für den Anfang ein, zwei Personen aussuchst, mit denen du dich treffen möchtest.
- Bereite dich richtig vor, wenn du an einem Netzwerktreffen teilnimmst: Um welches Thema geht es? Wer nimmt teil?
- Small Talk bedeutet nicht, über das Wetter zu reden, sondern inhaltlich so gut vorbereitet zu sein, dass man es schafft, an aktuelle Themen des Gegenübers anzuknüpfen.
- Tschüss Perfektion: Auch wenn ein Netzwerktreffen nicht so läuft, wie du es dir vorgestellt hast, sei stolz auf dich, dass du dabei warst und dich getraut hast hinzugehen! *Better done than perfect!* Und: Übung macht die Meisterin.

FLOP

- Nur auf Events gehen, wenn dich jemand begleitet.
- Beim ersten Kontakt sofort mit der Tür ins Haus fallen, sich, sein Produkt oder seine Dienstleistung direkt anbieten.
- Im beruflichen Kontext dem Gegenüber von privaten Problemen wie einer Ehekrise berichten. Privates ist erlaubt, aber nur, wenn es sich ergibt (und dann auch besser positiv formuliert, z.B. dass du verheiratet bist).
- Aufdringlich und unnachgiebig sein, wenn jemand offensichtlich nicht daran interessiert ist, Teil deines Netzwerkes zu sein.

Wie willst du dich auf die Treffen vorbereiten, wie Kontakt aufnehmen, was sind deine Ziele?
Aber auch: Welche Ängste möchtest du besiegen?
Und was unternimmst du, wenn du nach Motivation suchst, neue Menschen kennenzulernen?

TOP IST FÜR MICH	FLOP IST FÜR MICH

NETZWERKEN BRINGT SPASS

Ich geb's zu: Netzwerken kann ein Zeitfresser sein. Aber ich verspreche dir: Es lohnt sich immer und macht – Achtung – wirklich Spaß! Es motiviert. Empowered. Inspiriert. Und dazu passen auch diese Quotes, die ich in mein Journal geschrieben habe, mantramäßig wiederhole und so immer weiter verinnerliche.

Drei Beispiele:

„WER NICHT FRAGT, HAT SCHON EIN NEIN KASSIERT."

MADE BY ME.

„SUCCESS ISN'T ABOUT HOW MUCH MONEY YOU MAKE. IT'S ABOUT THE DIFFERENCE YOU MAKE IN PEOPLE'S LIFE."

MICHELLE OBAMA

„NETWORKING IS NOT COLLECTING CONTACTS. NETWORKING IS ABOUT PLANTING RELATIONS."

MUT-MOMENT

Es ist nicht leicht, auf andere Menschen zuzugehen. Aber du wirst sehen: Das Gefühl danach ist so, so, so gut. Deine Netzwerk-Challenge!

Jetzt bist du dran: Surfe im Internet, lies Zeitschriften, wälze Bücher, sprich mit Freund:innen – und notiere die Sprüche, die dich zum Netzwerken ermuntern.

SUCH DIR DIE RICHTIGEN MENSCHEN

Zu einem guten Umfeld gehören zwei Dinge: ein starkes berufliches Netzwerk und ein Inner Circle (wie du inzwischen weißt). Dazu kommt ein weiterer, fester Bestandteil meines Netzwerkes: Mentor:innen, Ratgeber:innen und Menschen, die ich in jeder Situation um Hilfe bitten kann und denen ich im Gegenzug beistehe, wenn sie mich brauchen. Es sind Menschen, die mein Vertrauen zu hundert Prozent genießen.

Wichtig dabei ist:

1. Wähle mit Bedacht aus, wen du in dein Netzwerk lässt. Oberstes Gebot: gegenseitige Loyalität.

2. Das Netzwerk deines Vertrauens muss nicht aus 25 Personen bestehen, es reicht eine Handvoll Menschen. Hauptsache, sie stehen dir in schwierigen Momenten bei – bedingungslos und ohne jeden Vorbehalt.

3. Dieses Netzwerk weiß, wo deine Stärken liegen und was dich ausmacht, was dich bewegt und was deine Schwächen sind.

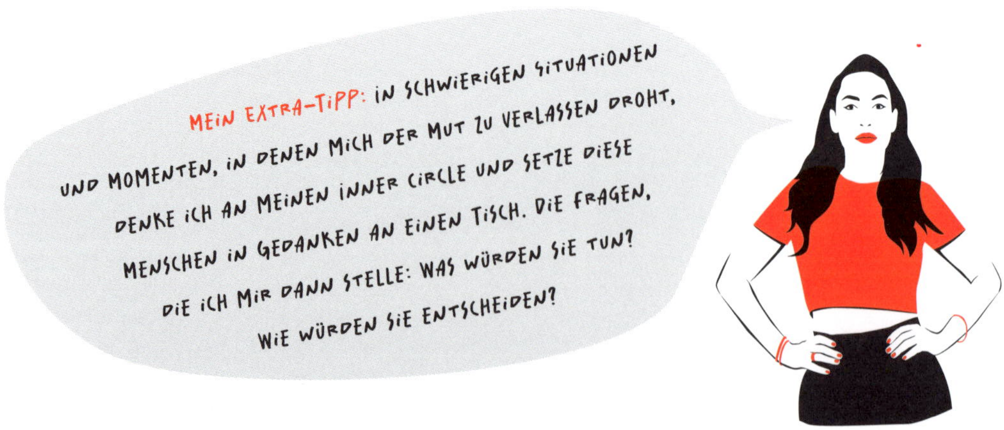

SCHREIB ES AUF!

DU BIST TEIL EINES RIESENGROSSEN NETZWERKES

Du hast es geschafft und hast den Grundstein für dein eigenes Netzwerk gelegt oder bist zumindest auf dem Weg dahin? Jackpot – na ja, fast. Es geht schließlich noch besser: Wir *alle* können uns gegenseitig unterstützen, indem wir:

… andere Frauen für Jobs und Projekte innerhalb unseres Unternehmens oder extern vorschlagen.

… Support auf Social Media leisten und aktiv sind, also liken, kommentieren, teilen. Anderen virtuelles Scheinwerferlicht zu geben, kostet nichts und kann so viel Tolles bewirken.

… Produkte und Dienstleistungen bei Unternehmen einkaufen, die von Frauen geführt sind oder von Frauen gegründet wurden.

Einer für alle, alle für eine! Warum ich daran fest glaube? Weil ich es tagtäglich selbst erlebe. Kaum habe ich ein cooles Restaurant besucht oder trage einen neuen Look, fragen mich meine Follower:innen nach allen Details – nach Ort, Name, Marke, Erfahrungen. Und die teile ich liebend gern mit. Weil jede von uns einen Beitrag leisten kann, Teil eines ganz großen Netzwerks zu sein. Indem wir uns verbinden und unterstützen, unabhängig von Sozialisationen, Positionen, Ländergrenzen, …

MEIN EXTRA-TIPP: ICH LIEBE MEIN NETZWERK!
MITTLERWEILE HABE ICH FÜR SO VIELES EXPERT:INNEN.
ICH MÖCHTE DICH MIT MEINER GESCHICHTE MOTIVIEREN,
DEIN EIGENES NETZWERK AUFZUBAUEN. ES LOHNT SICH, ZEIT,
MÜHE UND EINSATZ ZU INVESTIEREN, VERSPROCHEN!

Preisfrage: Wieso machen sich Frauen gegenseitig so oft das (berufliche) Leben schwer? Die Antwort kenne ich leider nicht. Notiere hier, wen du in Zukunft unterstützen willst und auf welche Art und Weise, z.B. über Empfehlungen:

MEMO AN DICH: DEINE GEDANKEN, VISIONEN, IDEEN UND BILDER

SCHREIB ES AUF!

SCHREIB
ES AUF!

SCHREIB ES AUF!

SCHREIB
ES AUF!

KAPITEL 04

FINANZEN: **DIAMONDS ARE A GIRL'S BEST FRIEND**

Meine Beziehung zu Geld war lange Zeit eine Nicht-Beziehung. Im Gegensatz zu meinen Freund:innen wurde bei uns zu Hause während des Abendbrots nicht über Sparpläne, Aktien und mögliche Immobilien-Invests gesprochen. Ganz im Gegenteil: Meine Eltern waren platt, wenn sie von der Arbeit kamen, und froh, endlich Feierabend zu haben. Sie wollten alles andere, als dann noch über Geld sprechen. Was ihnen aber immer wichtig war: meine Unabhängigkeit, vor allem die finanzielle.

Meine Kindheit und Jugend mit einem sehr beschränkten finanziellen Budget haben mich geprägt. Als Arbeiterkind gibt es nun mal keinen Wattebausch, auf den du fällst. Kein finanzielles Polster, das dir deine Eltern auf die Schnelle zur Verfügung stellen können. Keine zweite Chance, wenn du etwas richtig vermasselst. Umso wichtiger, sich in Gelddingen gut aufzustellen, fortzubilden, um sich eine eigene Meinung bilden zu können.

Erst mit dem Schritt in die Selbstständigkeit vor sechseinhalb Jahren setzte ich mich mehr und mehr mit dem Thema „Finanzen" auseinander. Weil ich es musste und keine Wahl hatte. Müßig zu erwähnen, dass ich von meinen Eltern keinen großen Scheck überreicht bekam, um Marco und mir den Start ins Unternehmertum zu erleichtern. Die 50 Euro meines Vaters – ein symbolischer Akt. Also pumpten wir uns Geld im Verwandtenkreis, den Rest richtete ein Gründungszuschuss.

Heute verdiene ich selbst Geld. Und ich liebe es, viel Geld zu verdienen. Geld bietet mir das größtmögliche Gefühl der Freiheit. Und ich behaupte: Wer seine Finanzen im Griff hat, hat sein Leben im Griff.

Die Ratschläge meines Vaters haben sich bei mir tief ins Gedächtnis eingebrannt.
Ich kann inzwischen alles abhaken. Du auch?

Sei stolz ☐

Sei unabhängig ☐

Kenne deinen Wert ☐

MEIN EXTRA-TIPP: WENN DU SPANNENDE ARTIKEL IN ZEITUNGEN UND ZEITSCHRIFTEN FINDEST, SCHNEIDE SIE AUS UND SAMMLE SIE – AUCH DAS KANN TEIL VON FINANZIELLER BILDUNG SEIN. SCHREIBE IN STICHWORTEN ZUSAMMEN, WAS DU DARAN GUT FANDEST UND DARAUS MITGENOMMEN HAST. AUCH WENN DU SIE HEUTE NICHT ZWINGEND BRAUCHST, KÖNNTEN SIE DICH MORGEN BEI EINER FINANZIELLEN ENTSCHEIDUNG VORANBRINGEN.

DIE BASICS

Das Angebot für Frauen, sich finanziell zu bilden, war wohl nie größer als in diesen Tagen. Bücher, Coachings, Websites, Newsletter, Podcasts – ich lieb's. Wenn du noch Newbie im Club der Finanzen bist, schau dir meine Tipps an:

1. Wissen ist Macht.

Egal, ob es Bücher, Tageszeitungen oder soziale Medien sind – lesen, lesen, lesen ... Denn lesen bildet. Nur wenn du weißt, was aktuell wichtig und richtig ist, hast du eine gute Basis, dich finanziell (neu) aufzustellen.

2. Recherchiere im Markt.

Was gibt es? Welche Anlagenformen sind sinnvoll? Wo liegt das Risiko – und was ist eine sichere Nummer?

3. Mache Geld zu deinem Thema.

Offen und ehrlich. Frei und ungezwungen. Je natürlicher das Thema „Geld" für dich ist, je stärker du es ritualisierst und in den Alltag einbindest, desto mutiger wirst du.

Triff dich mit deinen Freundinnen zu einem regelmäßigen Finanz-Circle. Gehaltsgespräche, Kryptowährungen, Eheverträge – die Themenliste ist lang. Die nächste Stufe in Sachen Female Empowerment ist für mich, Gehälter und Honorare offenzulegen.

Finanzen können unsexy wirken – bis man merkt, wie viel entspannter man durchs Leben gehen kann, wenn man weiß, dass das Konto auf der HABEN- statt auf der SOLLseite steht. Um diesen Status quo zu erreichen, ist es absolut sinnvoll, wenn nicht sogar unabdingbar, Infos, Daten und Fakten zusammenzutragen, um sich fit für Finanzen zu machen.

Diese Bücher, Texte, Websites, Newsletter und Podcasts finde ich inspirierend:

Diese anderen Anlageformen finde ich spannend, und das weiß ich darüber:

Wann und wie spreche ich im Alltag über Geld?

DEIN EIGENER CASHFLOW – HAB DEINE FINANZEN IM BLICK

Als ich Kind und Jugendliche war, arbeitete meine Mutter als Verkäuferin in einem Schmuckladen, und ich besuchte sie ganz oft am Nachmittag nach der Schule. Thomas Sabo, Dior, Prada – das Who's who der Schmuckszene fand sich in den Auslagen. Spannend war für mich, die Menschen zu beobachten, die in den Laden kamen. Meist waren es Ehepaare – er „erlaubte" ihr, sich „etwas Nettes" auszusuchen.

Rückblickend empfand ich das schon damals als verstörend. Viel cooler wirkten da die (wenigen) Frauen, die mit Selbstverständlichkeit und Coolness allein den Laden betraten, um sich ihre Teile auszusuchen – und anschließend zu kaufen. Diese seltenen Szenen sind mir bis heute im Gedächtnis geblieben ...

Die Momente im Schmuckladen sind wohl ein Puzzleteil, warum es mir so wichtig war und ist, mein eigenes Geld zu verdienen. Weil es Freiheit, Unabhängigkeit und Selbstbestimmung schafft.

Viele, viele Jahre nach meiner Schulzeit später habe ich mir meinen ersten etwas teureren Schmuck gegönnt. Dieses Gefühl, in den Laden zu gehen und zu wissen, dass ich mir das Teil selbst kaufen kann – unbezahlbar!

Um sich (materielle) Träume zu verwirklichen, muss mehr Geld reinkommen als rausgeht.
Zeit, Buchhaltung zu machen – mit ersten Stichworten von mir, *to be completed* von dir!

Meine monatlichen Einnahmen:

Lohn/Gehalt ....

....

....

Meine monatlichen Gesamt-Einnahmen: ....

Meine monatlichen Ausgaben:

Miete ....

Strom ....

Telefon ....

Lebensmittel ....

Sport ....

Beauty ....

Altersvorsorge ....

Versicherungen ....

Sonstiges ....

....

....

....

Meine monatlichen Gesamt-Ausgaben: ....

Das bleibt übrig: ....

WERDE ZUR VERHANDLUNGS-QUEEN

Weil meine soziale Herkunft nun mal ist, wie sie ist, ist Geld bei mir Dreh- und Angelpunkt für ganz vieles. Geld ist mein Antreiber. Mein Mutmacher. Geld bedeutet für mich Unabhängigkeit. Eine Unabhängigkeit, die ich immer wieder neu einfordern muss. Du glaubst, ich muss für mein Geld nicht mehr hart verhandeln? Schön wär's … Es gilt: Um auf ein höheres finanzielles Level zu kommen, ist einmal mehr Mut gefragt.

1.

Orte und Situationen mit Wohlfühl-Klima suchen, um zu üben

Direkt nach dem Abi war ich mit einigen Freundinnen in der Türkei im Urlaub. Der Vibe, das Setting, die Sprache, die Kultur – genau meins! Auf dem Basar, wo ich mich wohlfühlte, die besten Preise zu verhandeln, war für mich daher eine gute Übung. Und wurde mit jedem Mal zu einem einfacheren Spiel. Mein Learning: An Orten und in Situationen, wo du dich wohlfühlst, lassen sich Verhandlungen entspannt üben. Memo an dich: Verhandeln kann man lernen. Und du *solltest* verhandeln, immer und ohne Ausnahme.

2.

Vorträge und Panels

Keine Frage: Sich selbst in einem Video sprechen zu sehen und zu hören, kann ganz schön wehtun, bringt dich jedoch weiter. Denn der Selfie-Modus zeigt dir, wie deine Tonlage und deine Körperhaltung sind und wie du auf andere wirkst. Hol dir zu den Videos auch gerne Feedback von Freund:innen und Lieblingskolleg:innen ein. Die Sicht von außen hilft garantiert.

3.

(Gehalts-) Verhandlungen

Du hast einen Termin bei deiner Führungskraft bekommen, um über dein Gehalt zu sprechen. Steige bei Verhandlungen stets höher ein, als du dich normalerweise trauen würdest. Nimm eine Mir-egal-Haltung ein, indem du deinem Gegenüber mit der nötigen Coolness und einer Portion Distanz vermittelst, dass du nicht auf den Job angewiesen bist. Wenn du allgemeine Personal- und Entwicklungsgespräche führst, empfehle ich dir grundsätzlich das 1-4-3-Prinzip: Schlage deinem Gegenüber vier Themen vor. Eines willst du unbedingt erreichen. Drei können – pssst – eine Option sein und sind kein Muss. Win-win, oder?

Wir üben – für den Ernstfall. Denn: Die nächste Gehaltsverhandlung oder ein Personalgespräch kommen bestimmt. *If you never try, you'll never know,* also versuch es jetzt! Selbst wenn die Generalprobe hier im Workbook schiefgehen sollte, die Live-Premiere wird dafür umso besser.

Zum Üben...

... suche ich mir diese Räume und Situationen:

... benutze ich dieses Tool:

Um ehrliches Feedback bitte ich:

Mein nächstes Personalgespräch ...

... soll stattfinden bis spätestens:

... wird diese vier Punkte beinhalten:

... erfüllt mir diesen einen Wunsch, den ich mir für das Gespräch vorgenommen habe.

DAS RICHTIGE MONEY-MINDSET

Wer klein denkt, bleibt auch klein. Für das richtige Money-Mindset ist es essenziell wichtig, dass du weißt, was du wert bist. Auch bei mir wird immer wieder versucht, nicht das Honorar zu bezahlen, das ich fordere (und verdiene!). Ich stehe für mich ein, lasse mich nicht abbringen und halte diese Diskussionen aus. Ich schaffe das, weil ich meine Glaubenssätze auf den Kopf gestellt habe. Was ich nicht mehr möchte: dass mich negative Affirmationen daran hindern zu wachsen. Warum es sich lohnt, diese Sprüche auf den Kopf zu stellen, siehst du hier.

- Sparen bedeutet Verzicht.
- Geld verdirbt den Charakter.
- Geld macht die Welt und die Menschen schlecht.
- Es gibt Wichtigeres als Geld.
- Über Geld spricht man nicht.

Viel besser klingt doch:

- Wenn ich spare, kann ich mir irgendwann meine Träume erfüllen.
- Geld verdienen heißt, dass ich etwas sehr gut kann.
- Mit Geld kann ich einen positiven Impact schaffen.
- Geld schafft Sicherheit.
- Sobald ich Geld zum Thema mache, kann ich eine positive Veränderung schaffen.

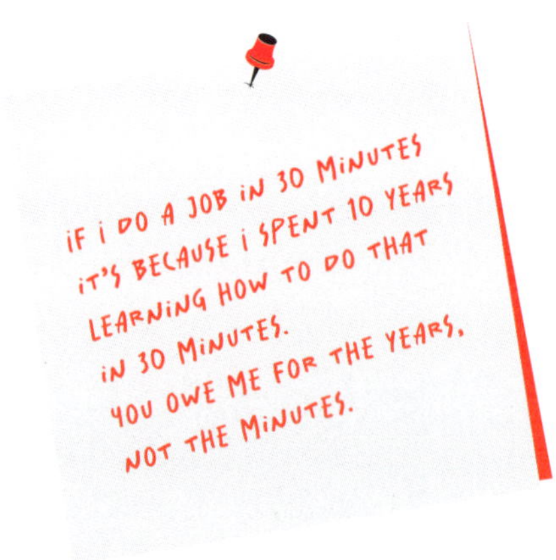

**Aus Minus mach Plus! Richtig – damit meine ich nicht nur deinen Kontostand, sondern auch deine Glaubenssätze.
Lass sie uns umdrehen und auflösen! Wie das geht?
Step 1: Alle dir bekannten negativen Glaubenssätze zum Thema „Finanzen" aufschreiben, Step 2: Sie ins Positive drehen, Step 3: Reflektieren, was die neuen positiven Gedanken für dich und dein Leben, für deine Finanzen und deinen Umgang mit Geld bedeuten.**

Step 1:

....

....

....

....

Step 2:

....

....

....

....

Step 3:

....

....

....

....

....

WIE DU SONST NOCH ZU GELD KOMMEN KANNST

Was die Basics in Sachen Finanzen sind? Haben wir besprochen! To-dos für Verhandlungen? Check! Glaubenssätze transformieren? Erledigt! Was noch bleibt: nach neuen Einnahmequellen fernab des Gehalts- und Honorarschecks zu schauen. Auch wenn ich während meines Studiums alles an Jobs mitgenommen habe, was man so mitnehmen kann, weiß ich, dass man neben einer Vollzeitstelle dafür nicht immer die Zeit hat. Aber kleinere Einnahmequellen nebenher generieren – das kannst auch du!

FLOHMARKT: Finanziell gesehen war es bei uns zu Hause nie einfach. Es war am Monatsende immer eng. So eng, dass wir als Familie Kleidung auf dem Flohmarkt kaufen mussten und selbst Waren anboten. In meinem Fall waren das die Figuren aus den Überraschungseiern, die ich zu Geld machte.

EBAY KLEINANZEIGEN: Irgendwann habe ich aufgehört zu zählen, wie oft Marco und ich schon umgezogen sind. Was ich aber nie vergesse: dass es gut und unkompliziert klappt, Möbel und Co. über eBay Kleinanzeigen abzustoßen.

SELLPY: Secondhand online gibt es bei Sellpy. Für mich ein sehr gutes Tool, um Kleidung zu verkaufen, die ich nicht mehr tragen mag oder die mir nicht mehr passt.

GEH
DURCH DEINE VIER WÄNDE UND
SCHAU, WAS DU NICHT MEHR BRAUCHST,
WAS EINE NEUE BESITZERIN ODER EINEN
NEUEN BESITZER FINDEN DARF. DAS BESTE
DARAN: DER/DIE KÄUFER:IN FREUT SICH,
SCHNÄPPCHEN ZU MACHEN. UND DU
GEWINNST PLATZ – UND GELD FÜR
DEIN KONTO. EIN GUTER DEAL FÜR
BEIDE SEITEN ALSO!

GELD BEDEUTET SICHERHEIT

Du weißt nun, wie sehr Geld *mein* Antreiber ist. Die Karten sind auf dem Tisch! Mit meiner Ehrlichkeit und Offenheit möchte ich dir Berührungsängste mit dem Thema „Finanzen“ nehmen. Geh los, und du wirst merken: Sobald du angefangen hast, wird es leichter. Und wenn du heute den Fokus darauf legst, was du mit Geld tun kannst, hast du morgen schon ein erstes Erfolgserlebnis. Ob du am Ende mit Geld etwas Gutes für dich oder für die Welt bewirken willst – deine Wahl.

Mein Appell an dich für die wichtigsten Steps vorweg:

- Hab keine Angst, dich mit deinen Finanzen auseinanderzusetzen.
- Begib dich in keine finanziellen Abhängigkeiten. Nicht im Beruf und nicht im Privaten. Gerade in Lebensgemeinschaften sollte klar kommuniziert sein, wer was bezahlt, was geteilt wird, wie die Rentenkasse gefüllt wird, wenn eine:r wegen der Kinder eine bestimmte Zeit zu Hause bleibt.
- Setz den Fokus auf das, was du *jetzt* aktiv gestalten kannst. Wenn du ab morgen 50 Euro mehr als in der Vergangenheit sparst, hast du bereits den ersten Schritt gemacht.

Auch ich bin diesen Weg gegangen und stehe finanziell auf festen Füßen. Für mich ist es heute die größte Genugtuung, dass ich …

- mit meinen Eltern in ein teures Restaurant gehen kann und sie sich aussuchen dürfen, was sie wollen.
- die Wohnung meiner Eltern abbezahlen kann.
- in Geschäfte gehen, Kleider anprobieren und sie danach auch gleich kaufen kann.

Was sich mit den Jahren geändert hat: Das Materielle ist am Anfang schön, mit Geld Impact zu schaffen, ist noch schöner. Das tue ich inzwischen, indem ich in Gründerinnen investiere. Warum? Weil ich's kann! Hier kann ich etwas bewirken, ich kann die Wirtschaft nachhaltig beeinflussen – für mich geht's nicht besser.

Du benötigst kein Regal voller Ratgeber. Alles, was du brauchst, steckt in dir. Notiere zum Abschluss des Kapitels, wie und für wen du deine Finanzen gut aufstellen möchtest und was du damit erreichen kannst.

> „FRAUEN, DIE NICHTS FORDERN, WERDEN BEIM WORT GENOMMEN – SIE BEKOMMEN NICHTS."
>
> SIMONE DE BEAUVOIR

MEMO AN DICH: DEINE GEDANKEN, VISIONEN, IDEEN UND BILDER

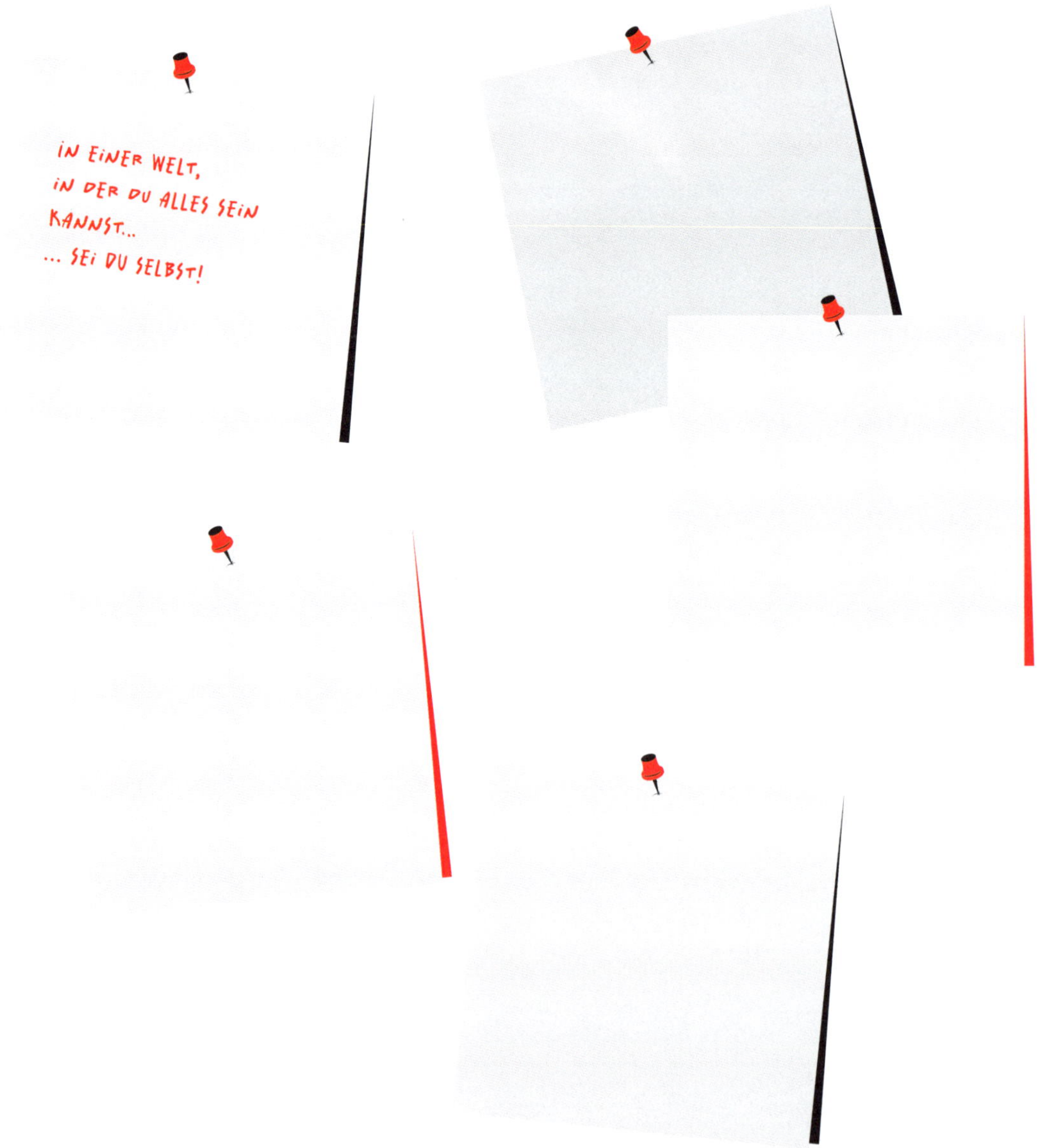

SCHREIB ES AUF!

SCHREIB
ES AUF!

SCHREIB ES AUF!

SCHREIB
ES AUF!

KAPITEL 05

PERSONAL BRANDING: **SO WIRST DU ZUR MARKE**

YES
I
CAN

Du erinnerst dich: In Kapitel 1, „Alles auf Anfang: Self Empowerment“, haben wir Personal Branding schon kurz angerissen, und ich habe dir erzählt, dass für mich der Übergang zwischen Self Empowerment und Personal Branding ein fließender ist. Wo deine Fähigkeiten liegen, was deine Vision ist und welches Publikum du ansprechen möchtest, hast du dort bereits definiert. Und dennoch – Personal Branding ist viel mehr als das und verdient aus diesem Grund ein eigenes Kapitel. Und darum: *Here we go!*

Meine Definition von Personal Branding? Du kreierst deine eigene Marke und erzählst deine Geschichte, bevor es andere tun. Nicht nur im Privaten solltest du dir klar darüber sein, wer du bist, was du kannst – oder eben auch nicht. Auch im Beruflichen ist es essenziell, deine Kompetenzen zu kennen, deine Ziele, deine Visionen und deine Expertise. Frag dich: Wie möchtest du als Expertin wahrgenommen werden?

Eins ist klar: Ohne Personal Branding würde ich heute nicht da stehen, wo ich bin. Ich kam mit Personal Branding zum ersten Mal ganz bewusst in Berührung, nachdem ich in die FDP eingetreten war und für den Landtag in Baden-Württemberg kandidierte. Ich stand für Bildung, Familie und Integration – unfreiwillig. Ich hatte meine Themen nicht selbst ausgesucht, sie waren mir von meiner Partei aufgedrückt worden. Die Quittung folgte prompt: Bei einer Podiumsdiskussion zu „meinen“ Themen machte ich eine denkbar schlechte Figur. Ich stammelte, antwortete nicht pointiert und blieb in meinen Aussagen schwammig. Kein Wunder!

Damals wurde mir klar: Ich will unabhängig von anderen selbst entscheiden, wofür ich stehe. Mein Leben, mein Weg, meine Geschichte. Und das tue ich heute live und auf Social Media – indem ich laut bin, Missstände anspreche und klarstelle, dass die Wirtschaft diverser werden muss. Indem ich Frauen in Netzwerken zusammenbringe. Durch meine Invests in frauengeführte Start-ups. Und ja, ich zeige: Lippenstift tragen und Business-Deals verhandeln sind eine sehr gute Kombi. Das ist mein eigener Markenkern.

Nenne spontan und aus dem Bauch heraus drei Schlagworte, für die du stehen möchtest:

SCHREIB ES AUF!

MEIN EXTRA-TIPP: DEINE BOTSCHAFT, DEINE THEMEN, DEIN MARKENKERN: SOBALD DU DEINE EIGENEN THEMEN SETZT, KANNST DU SIE AUCH GLAUBWÜRDIG VERTRETEN. HABE MUT ZUM UNPERFEKTEN!. DU DARFST FEHLER MACHEN, DARAUS LERNEN UND DICH (WEITER-)ENTWICKELN.

DAS MACHT DICH UNVERWECHSELBAR

Was haben Student:innen, Krankenpfleger:innen, Bahnfahrer:innen, Jurist:innen und Unternehmer:innen gemeinsam? Richtig, sie alle sollten Personal Branding betreiben. Die Frage lautet also nicht, *ob* man sich positionieren sollte, sondern *wie* man die Themen, die einem wichtig sind, bestimmen und besetzen kann. Um es gleich vorwegzunehmen: Personal Branding ist keine Selfie-Show und mehr als Selbstdarstellung.

Mit Personal Branding kannst du:

- dein Leben selbst in die Hand nehmen.
- dich so positionieren, dass du im Außen so wahrgenommen wirst, wie du es möchtest.
- deine Geschichte erzählen, bevor es jemand anderes tut.
- Sprachrohr für (Herzens-)Themen sein.
- deine eigenen Themen und Schwerpunkte setzen.
- unverwechselbar werden.
- leichter und schneller die nächsten Karriereschritte machen und so erfolgreich sein, wie du es verdienst.
- Türen öffnen – für Jobs, für die Selbstständigkeit, für einen Platz in einer Diskussionsrunde.
- eine Inspiration und Motivation für andere sein.
- ein Netzwerk aufbauen, von dem du profitierst.

Und das Beste daran: Deine Positionierung kann on- und offline stattfinden.

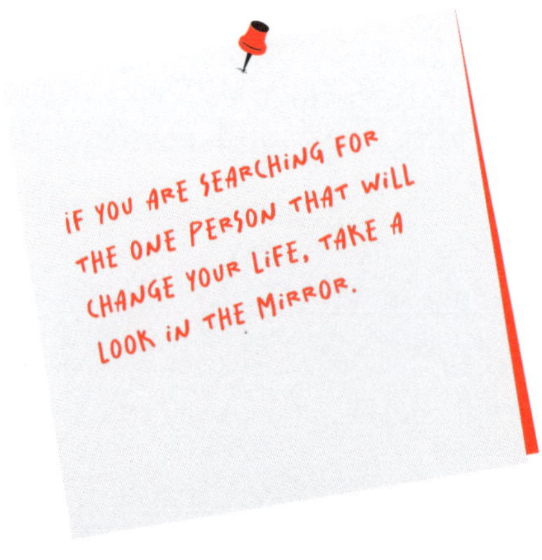

Noch einmal ein kurzer Recap zu Kapitel 1: Dort hast du deine Ziele und Visionen, deine Fähigkeiten und dein Publikum definiert. Schaffst du es, diese hier noch einmal zu nennen, ohne zurückzublättern?

1. Meine Ziele/Visionen:

   ....

2. Meine Fähigkeiten:

   ....

3. Mein Publikum:

   ....

Visualisiere, was dein Personal Branding darüber hinaus ausmacht.

Das ist meine Geschichte:

....

....

Das sind meine Themen:

....

....

Diese Karriereschritte wünsche ich mir:

....

....

Diese Tonalität will ich verwenden:

....

....

So spreche ich mein Publikum an:

....

....

BLEIB DIR SELBST TREU

Kürzlich wurde ich in einem Interview gefragt, was meine bisher schwierigste Challenge war. Die Antwort: immer die zu sein, die ich wirklich bin. Zu oft wurde mir in der Öffentlichkeit schon gesagt, wie ich zu sein, was ich zu sagen, wie ich zu reagieren hätte und wie ich mich kleiden solle. Aber: Ich. Muss. Gar. Nichts. Schon gar nicht jedem und jeder gefallen. Ich möchte meinen Werten treu bleiben und mich nicht verbiegen. Eigene Wege gehen statt in ausgetretenen Pfaden trampeln. Mein Werte-Kompass hilft mir dabei – und die Kenntnis über all die Attribute, die mich auszeichnen.

Lebst du nach deinen Werten? Kreise hier fünf Begriffe ein, die dich am besten beschreiben, und füge fünf weitere Attribute hinzu, die dir wichtig sind.

VERLÄSSLICHKEIT

KREATIVITÄT

TEAMPLAYER:IN

....

EMPATHIE

VERHANDLUNGSGESCHICK

WEITSICHTIGKEIT

....

STRESSERPROBTHEIT

....

MENSCHENKENNTNIS

MOTIVATORIN

....

UM-DIE-ECKE-DENKEN

....

LEGE DEINE GRENZEN FEST (UND HAB GEDULD)

No one is you – and this is your superpower. Mit Personal Branding geht auch immer Einzigartigkeit einher. Du *bist* unverwechselbar und einzigartig, wie wir auf den vorangegangenen Seiten herausgearbeitet haben. Und damit deine Positionierung. Vergiss dabei nie, den Rahmen festzulegen, in dem deine Positionierung stattfindet. Mir ist ein gesunder Mix aus diesen Faktoren wichtig:

1. Glaubwürdigkeit: Das Beispiel mit der FDP zeigt, dass Themen zwar aktuell sein können, aber nicht zwangsläufig zu dir passen müssen. Arbeite für dich heraus, was dich wirklich bewegt, wofür du stehen und dich einsetzen möchtest.
2. Unabhängigkeit: Je mehr du dich von Komplimenten anderer abhängig machst, desto empfänglicher bist du sicherlich für negative Kommentare. Bewahre also eine gesunde Distanz und eine nötige Portion Resilienz. Das hilft, wenn du Gegenwind ausgesetzt bist.
3. Ausdauer: Sichtbarkeit passiert nicht von heute auf morgen, Sichtbarkeit ist ein ständiger Prozess, der sich über Jahre hinziehen kann. Dabei gilt: Wir können und dürfen uns ständig verändern, weitergehen und immer wieder neu erfinden.

In welchen Momenten hast du all deinen Mut gebraucht?
Bist über deine Grenzen hinausgegangen?
Oder im Gegensatz dazu – still geblieben, obwohl du es nicht wolltest?

WIE DU SOCIAL MEDIA NUTZEN KANNST

Ich verrate dir eine Anekdote, die nicht jeder kennt: Meine Anfänge auf Social Media liegen bei Twitter, mittlerweile bekannt als X. Damals dachte ich: Wenn ich diese Plattform verstehe und mit 280 Zeichen eine Nachricht punktgenau formulieren kann, schaffe ich es auch, andere Medien zu bespielen. Gesagt, getan. Inzwischen bin ich vor allem auf Instagram und LinkedIn aktiv und spüre Tag für Tag: Social Media eignet sich perfekt, um deine eigene Story zu erzählen. Und dank Social Media war es nie einfacher, deine Personal Brand in der Öffentlichkeit zu festigen. Alles, was hier passiert, ist deine Reichweite, deine Sichtbarkeit, dein Erfolg!

Meine Erfahrungen teile ich gerne mit dir:

1. **Freestyle vs. Redaktionsplan:** Ich poste, sobald ich etwas zu sagen habe. Alles Freestyle, ohne Social Media Manager:in und Redaktionsplan. Mich würde eine genaue Themenliste mit konkreten Daten zur Veröffentlichung stressen. Im Gegensatz zu mir hilft es aber vielen anderen, vorgefertigte Texte zu haben, um loszulegen und dranzubleiben.
2. **Sichtbarkeit bedeutet Angreifbarkeit.** *Business-Barbie* – jedes Mal, wenn ich den Begriff höre, muss ich schmunzeln. So bin ich einmal im Netz bezeichnet worden – war sicher nicht nett gemeint. Einen Masterplan, wie ich auf solche negativen Kommentare reagiere? Habe ich nicht. Nur den Rat, dich schlagfertig und stark zu machen gegen Gegenwind auf den Seiten vorher. Mein Learning: Ich muss nicht jeden Kampf kämpfen. Nichts zu sagen, wirkt manchmal viel stärker, als ganz viel zu sagen. No-gos sind für mich, fies zu werden, unter die Gürtellinie zu gehen oder ein bestimmtes Niveau zu verlassen.
3. **Erzählen – nicht zählen.** Mach deinen Erfolg auf Social Media nicht daran fest, wie viel Zuspruch du bekommst. Ich finde es selbstverständlich auch schön, wenn meine Posts viele Likes erhalten, aber Quantität ist nicht Qualität. Erinnerung an dich: Worum geht es dir bei deinem Personal Branding? Richtig, du willst deine Marke pflegen – und die ist nicht von anderen abhängig.

Notiere hier drei Themen, die du in den kommenden Wochen posten möchtest.
Wer oder was bewegt dich, und auf welche Missstände willst du unbedingt hinweisen?

THEMA 1 ....

....

THEMA 2 ....

....

THEMA 3 ....

....

Wähle nun ein Thema aus, das du an dieser Stelle ausführlich formulierst.

MEIN POSTING

....

....

....

....

....

MEINE FOTO-IDEE

....

....

....

....

....

ENDLICH LIVE! HAB MUT, POSTINGS ZU VERÖFFENTLICHEN

Better done than perfect. Es ist nicht ungewöhnlich, dass ich Instagram- oder LinkedIn-Post bzw. -Storys auf die Schnelle raushaue. Rechtschreibfehler inklusive. Sicher nicht der Optimalfall. Was für mich auf der Agenda aber viel wichtiger ist: der Inhalt! Hauptsache, der stimmt. Perfekt unperfekt – trifft es ganz gut.

Weil ich auch dir die Angst vor „Fehlern" nehmen möchte, findest du hier meine SOS-Tipps:

Deine Meinung: Meinen Post gebe ich anderen zum Gegenlesen.
Meine Antwort: Bitte nicht! Nur eine Meinung zu deinem Post ist wichtig: deine eigene. Viele Frauen machen den Fehler, Kolleg:innen, Freund:innen und Co. nach ihrer Meinung zu fragen. Ergebnis: 15 Diskussionspartner:innen, 15 Meinungen. Ich bin mir sicher, dass du deine Inhalte so auf den Punkt bringen kannst, dass er verstanden wird. Also, *go girl!*

Deine Meinung: Ich kann gar nichts.
Meine Antwort: Hallo, liebes Impostor-Syndrom aka Hochstapler-Syndrom! Wohl die meisten von uns kennen das Gefühl, nicht gut genug zu sein. Lass mir dir sagen: Du *bist* gut genug.

Deine Meinung: Ich habe keinen Erfolg.
Meine Antwort: Stimmt nicht! Deine Erfolgsgeschichte hat bereits in dem Moment begonnen, als du dieses Buch gekauft hast, weil du bereit bist zu wachsen. Und schau, inzwischen bist du sogar schon einen Schritt weiter: Du beschäftigst dich mit Personal Branding und tust damit so viel mehr für dich, deine Positionierung, dein Standing, deine Karriere als so manch andere:r.

Wie findest du die Idee, dass wir unseren negativen Gedanken zum Thema „Personal Branding" auf die Spur kommen, sie uns bewusst machen und anschließend ins Positive verkehren? Klingt gut? Ist gut! Und wir beginnen damit direkt hier.

Deine Meinung: Mein Post könnte andere provozieren.

Deine Antwort: ....

....

Deine Meinung: Wenn ich meine Meinung öffentlich teile, habe ich bei der möglichen Jobsuche später vielleicht weniger Chancen.

Deine Antwort: ....

....

Deine Meinung: In diesem Stil hat XY vor Kurzem auf LinkedIn etwas veröffentlicht, ich darf das daher nicht auch so machen.

Deine Antwort: ....

....

Deine Meinung: ....

....

Deine Antwort: ....

....

Deine Meinung: ....

....

Deine Antwort: ....

....

PERSONAL BRANDING UND SEINE POSITIVEN VIBES

Puh, Personal Branding ist ganz schön viel Arbeit, könnte man meinen, wenn man bis hierhin gekommen ist. Sich seiner Talente und Fähigkeiten bewusst zu sein, an ihnen zu arbeiten, sich weiterzuentwickeln, sichtbar zu werden über Postings, zu liken, zu kommentieren, zu teilen, zu netzwerken, weiterzumachen in Dauerschleife …
Zugegeben, Personal Branding füllt deinen ohnehin schon vollen Terminkalender vermutlich noch mehr. Vergiss dabei aber nicht: Deine Sichtbarkeit und deine genaue Positionierung werden dich auch auf ein völlig neues (Karriere-)Level heben.
Und das Beste daran: Personal Branding macht Spaß, weil …

- … du die Storyline schreibst: Du hast alle Möglichkeiten, deine Postings mit spannenden Inhalten zu füllen oder Gespräche so zu führen, dass du bei deinem Gegenüber Interesse weckst – für dich als Person, für dein Thema, für die Dinge, die du verändern möchtest.
- … du die Lautstärke bestimmst: Ob du laut oder leise, provokant oder zurückhaltend bist, ist allein deine Entscheidung. Und sie muss auch nicht immer gleich ausfallen.
- … du andere inspirieren kannst: Deine Erfahrungen und deine Perspektive sind einzigartig, davon können andere lernen.
- … du selbst Vorbilder findest: Sei dir sicher – auf deiner Personal-Branding-Reise wirst du sowohl on- als auch offline Menschen finden, die dir neue Gedankenansätze bescheren. Für mich ist Melinda Gates ein echtes Role Model! Einfach großartig, wie sie ihre Bekanntheit und ihre Stärke für Geschlechtergerechtigkeit, Diversität und Empowerment einsetzt.

3, 2, 1 – gute Laune! Weil du nun deine Gründe nennen darfst, warum Personal Branding auf deine Agenda gehört. Du hast Vorbilder? Schreib die Namen auf! Inspirierende und motivierende Personal-Branding-Sprüche? Her damit! Deiner Fantasie sind keine Grenzen gesetzt.

MEMO AN DICH: DEINE GEDANKEN, VISIONEN, IDEEN UND BILDER

SCHREIB
ES AUF!

SCHREIB ES AUF!

SCHREIB ES AUF!

SCHREIB
ES AUF!

KAPITEL 06

VORHANG AUF: **WIR LIEBEN MODE**

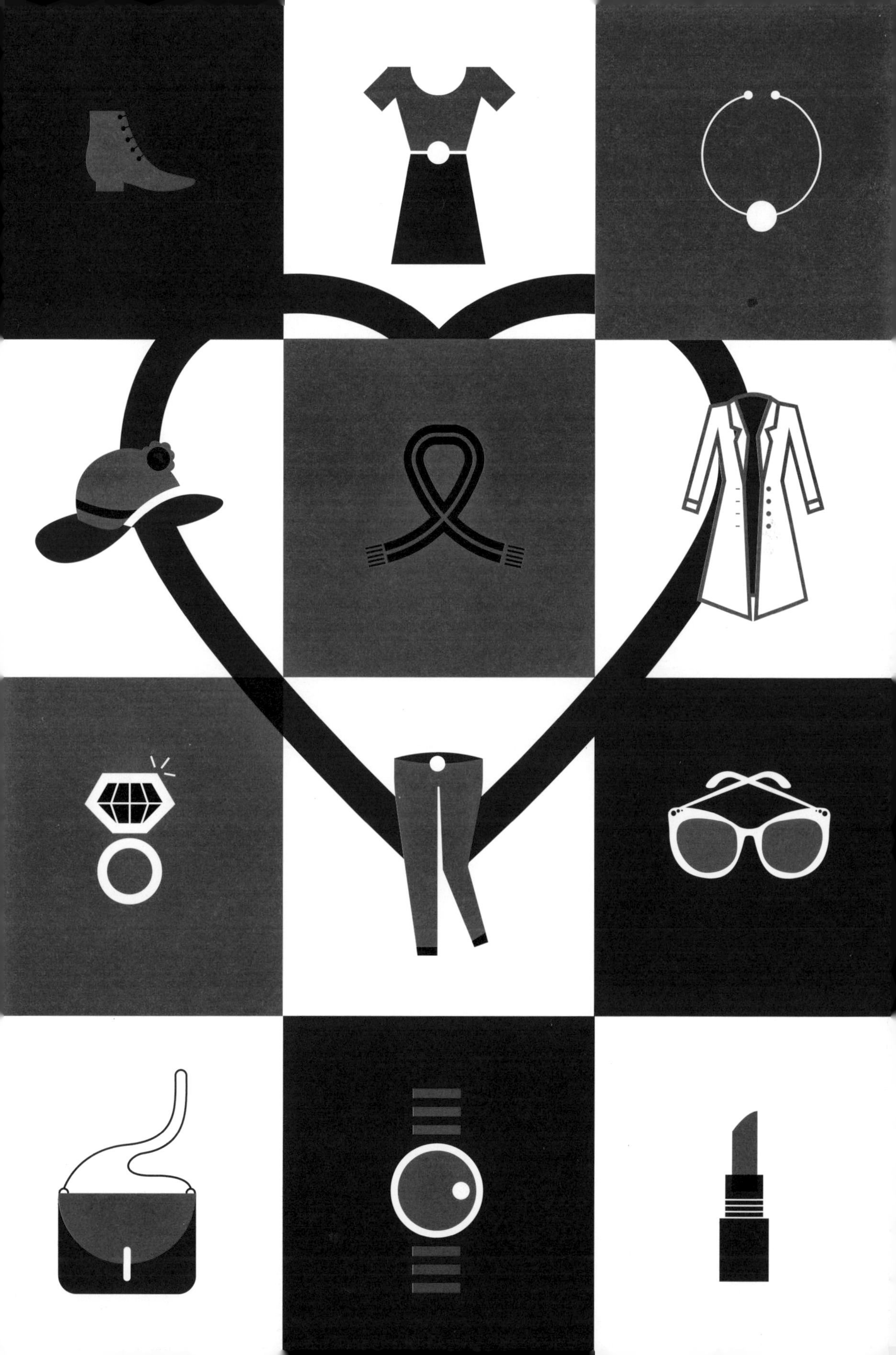

Es ist schon erstaunlich, welche Blüten es treibt, nur weil ich das trage, was mir gefällt. Wir schreiben 2023, als ich auf einer Veranstaltung Keynote-Speakerin bin, um über Diversity zu sprechen. Ich trage einen roten Anzug. Während ich verkabelt werde, geht ein Politiker an mir vorbei, hält kurz inne und sagt: „Sind Sie die Tänzerin des Abends?" Rumms, das sitzt! Nachdem ich kurz in Schockstarre verfalle und dem Politiker anschließend mit einem Spruch in die Parade fahre („Viel spannender wäre es, SIE tanzen zu sehen"), wundere ich mich einmal mehr, in welche Schubladen ich nur aufgrund meines Looks gesteckt werde. Der rote Anzug und der unpassende Kommentar dazu. Und auch: das Wort *Business-Barbie*. Erst vor Kurzem hörte ich diese Wortschöpfung wieder, als ich auf einer Wirtschaftsveranstaltung die Bühne betrat. Eine Frau raunte einer anderen zu: „Das ist so eine Business-Barbie." Als wäre es furchtbar unprofessionell, sich in Pink zu kleiden. Wohingegen sich niemand echauffiert, wenn CEOs weiße Sneaker zum Anzug anziehen, damit sie cool, jugendlich und trendy wirken.

Rückblende: Mode, edle, gepflegte und besondere Looks und das äußere Erscheinungsbild generell spielten in unserer Familie schon immer eine große Rolle. Immerhin war meine Mutter Model, bevor sie meinen Bruder und mich auf die Welt brachte. Aus meiner Kindheit erinnere ich mich daran, dass sie immer Lippenstift auflegte, sobald wir das Haus verließen. Und mein Vater trägt noch heute jeden Tag einen Anzug, obwohl er längst in Rente ist, weshalb ich ihn gerne „der Pate von Karlsruhe" nenne.

Ich selbst hatte lange Zeit kein besonderes Interesse an Mode. Für das Wahlplakat er FDP, mit dem ich in den Landtag von Baden-Württemberg einziehen wollte, posierte ich mit einem braunen Blazer mit weißen Nadelstreifen und einem weißen Top darunter. Dass ich heute endlich das trage, worin ich mich zu hundert Prozent wohlfühle und ich ich bin, verdanke ich vor allem meinem Mut. Lebensweisen und -umstände, Blickwinkel, Erfahrungen und Erlebnisse – all das können Komponenten sein, die die eigene Mode beeinflussen.

Eitelkeit ist meiner Meinung nach nicht zwingend etwas Schlechtes. Ich beschäftige mich gern mit schönen Dingen wie trendiger Kleidung, coolem Make-up und Statement-Schmuck, der zu mir passt. So habe ich das Gefühl, mich richtig entfalten zu können. Und ich finde: Jede:r soll das tragen dürfen, was sie und er will. Ich bin gerne Sinnbild eines Selbstverständnisses, das Unabhängigkeit lebt. In der Haltung, im Stil und in der Mode.

1
2
3
4
5
6
7
8
9
10

TRAG DAS, WAS DU BIST

Wie bunt die Welt der Mode ist, erlebte ich 2017, als ich als deutsche Repräsentantin im Rahmen des Leadershipprogramms durch die USA reiste. Die 47 Frauen, die dabei waren, zeigten die ganze Palette an Vielfalt – gelebte Diversity –, in ihrer Herkunft, ihrer Sprache, ihren Meinungen und vor allem auch in ihrer Mode. Eine dieser Frauen war Laurence, die immer perfekt gekleidet war. Look, Haare, Make-up – alles war aufeinander abgestimmt. Morgens, mittags, abends. Ob das nicht superaufwendig sei, fragte ich Laurence. Ob ich eigentlich immer Schwarz tragen würde, konterte sie. Ich stutze und kam ins Grübeln, weil mir durch Laurence' Gegenfrage bewusste wurde, dass sie sich vielleicht nicht zu viel stylte, sondern ich zu wenig. Im Laufe der kommenden Tage führte ich viele Gespräche mit Laurence. Sie fragte mich, wie ich mich anziehen würde, wenn ich frei wählen könnte. Meine Antwort: bunt, laut, einfach so, wie es meinem Naturell entspricht. Laurence riet mir, mit *einem* Kleidungsstück anzufangen. Und das tat ich. Als ich zurück in Deutschland war, durchforstete ich meinen Kleiderschrank und entdeckte im hintersten Eck – eine rote Bluse. Die ich prompt bei meinem nächsten Event anzog. Ich brauchte viel Mut, um den Abend zu überstehen. Warum? Lauter Kerle – und ich. Alle in Schwarz – ich in Rot. Zugegeben, ich kam mir wie ein Alien vor. Was ich rückblickend aber feststellen muss: Ich befreite mich an diesem Tag aus einem Kleidungsdiktat, in dem ich jahrelang festgefahren war. *New look – new me.*

Blocke zwei Stunden in deinem Kalender, lege den kompletten Inhalt deines Kleiderschranks auf das Bett und sortiere ihn neu. Überlege dir im ersten Schritt, welche Teile du im Businesskontext, welche beim Ausgehen und welche du im Alltag trägst. Vielleicht fallen dir noch weitere Bereiche wie zum Beispiel Sport ein. Notiere das alles gleich unten. Der zweite Schritt: Streiche durch, was wegkann.

BUSINESS ....

....

AUSGEHEN ....

....

ALLTAG ....

....

SPORT ....

....

Wie fällt dein Resümee aus? Bleibt die Zusammenstellung deines Kleiderschrankes so, wie sie ist? Oder weht der Wind der Veränderung? Möchtest du die unterschiedlichen Bereiche und Anlässe weiterhin modisch so genau separieren, einen fließenden Übergang schaffen oder sie gar nicht (mehr) trennen?

Mein Resümee: ....

....

Mein Modestil lässt sich so beschreiben: ....

....

Diese Teile fehlen zu meinem Look-Glück: ....

....

Wie würdest du sie kombinieren: ....

....

VIELFALT BEGINNT BEI DER KLEIDERWAHL

Die Reise in die USA und der Austausch mit Laurence, der damit einherging, stellte für mich ein Wendepunkt dar. Durch Laurence motiviert, fasste ich mehr und mehr Mut, das zu tragen, worauf ich wirklich Lust hatte. Als ich das erste Mal besagte rote Bluse trug, schickte ich Laurence ein Foto, und sie schrieb mir: *„It's just the beginning, girl!"* Übersetzt: Das ist erst der Anfang! Und sie sollte recht behalten. Ich merkte: Vielfalt und Selbstbestimmung fangen schon beim Kleidungsstil an, und ich wollte meine Persönlichkeit nicht mehr an der Garderobe abgeben, sobald ich im Businessumfeld unterwegs war. Leider spürte ich: Je höher ich auf der Karriereleiter kam, desto mehr nahm die Vielfalt ab. Die Spielregeln scheinen klar zu sein: Unausgesprochen weiß jede:r, was sie und er wie wann im Job zu tragen hat. Umso mehr bewundere ich erfolgreiche Frauen, die ihren Weg gehen und ihren Look durchsetzen, weil sie für sich auf- und einstehen.

Christine Lagarde, die Präsidentin der Europäischen Zentralbank: mit ihren grauen Haaren und schicken Blazern. Für mich der Inbegriff der Eleganz.

Michelle Obama, Rechtsanwältin, Autorin und ehemalige First Lady der USA: wählt auch Oberteile, die ärmellos sind. Dazu kommt: Ihre Stylistin postet ihre Outfits regelmäßig in den sozialen Medien.

Sanna Marin, finnische Politikerin und ehemalige finnische Ministerpräsidentin: mal Blazer auf dem politischen Parkett, mal Lederjacke auf einem Rockfestival. Ich bin definitiv ein Fan von ihr!

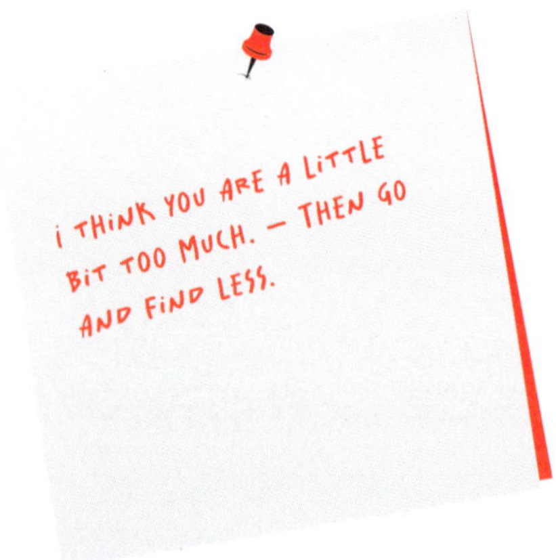

Du sollst und musst niemanden kopieren, denn du bist du. Aber für sich zu reflektieren, wer inspirierend ist – und warum –, das ist erlaubt. Hand hoch, wenn du mitmachst!

Diese Person ist eine Mode-Inspiration: ……………………………………

Weil ……………………………………

……………………………………

……………………………………

Diese Person ist eine Mode-Inspiration: ……………………………………

Weil ……………………………………

……………………………………

……………………………………

Diese Person ist eine Mode-Inspiration: ……………………………………

Weil ……………………………………

……………………………………

……………………………………

MEIN EXTRA-TIPP: MODE, BEAUTY UND SCHÖNHEITSIDEALE WERDEN BEWUSST EINGESETZT UND SIND EIN SUPERSTARKES ELEMENT. KAMALA HARRIS, VIZEPRÄSIDENTIN DER USA, TRAT 2020 IM WEISSEN ANZUG AUF, UM AUF DIE FRAUENRECHTE AUFMERKSAM ZU MACHEN. AUCH BOTSCHAFTEN AUF PULLOVERN, SHIRTS UND BAGS WIE „WOMEN. LIFE. FREEDOM.“ ODER „THE FUTURE IS FEMALE!“ SETZEN (KRITISCHE) STATEMENTS. WAS IM GROSSEN AUF DER WELT PASSIERT, KANNST DU IM KLEINEN FÜR DICH KREIEREN.

AUCH MODISCH GRENZEN SETZEN

Einer der großen Vorteile des Internets: Wir können uns miteinander vernetzen. Der Nachteil: Wir können uns miteinander vernetzen. Um es vorwegzunehmen: Ich liebe es, mit meinen Follower:innen in Kontakt zu treten. Was mir nicht gefällt: Menschen, die meine Posts mit unreflektierten Kommentaren und unberechtigter Kritik zuspamen. *I proudly present* meine persönliche Top-3-Hitliste:

1. „Ich frag mich ja oft, warum LinkedIn-Posts es nötig haben, mit sexy pictures zu locken."
2. „Wer sich so anzieht, will halt eher seinen Chef ins Bett für die nächste Gehaltserhöhung bekommen."
3. „Ich glaube, dass Sie mit immer neuen Kleidern die Top-Frauen der Industrie oder Politik diskreditieren. Ich halte die Fahne hoch für diese Frauen."

Fürs Protokoll: Es mag abgefahren und verrückt klingen, aber ich ziehe Dinge nicht an, um mit irgendetwas zu „locken", sondern weil es mir – Achtung! – gefällt. Und niemand außer mir legt meinen Standard fest.

Wenn Menschen insbesondere gegenüber Frauen sehr konkret formulieren, was diese zu tragen haben und was nicht, geht es nicht zwangsläufig um Geschmack. Sondern darum abzustecken, was gesellschaftlich anerkannt ist und der Norm entspricht. Ich rufe dir als Business-Barbie zu: Ob bunt oder nicht, ob klassisch oder abgefahren, ob Ballerinas oder High Heels – steh zu dir und – ich sage es mantramäßig – setze selbst deine Grenzen.

Wenn du nachdenkst (zurückblätterst) und dir deinen Modestil ins Gedächtnis rufst, fallen dir sicher Begriffe ein, die deinen Standard und deine Werte in der Mode beschreiben. Du wünschst dir die Möglichkeit, das im Workbook festzuhalten? Um es einfacher für dich zu machen, fange ich mit drei meiner Stichworte an.

TOP	FLOP
Stärke	Mich in eine Rolle pressen lassen
Empowerment	Mir bei Moderationen vorgeben, was ich zu tragen habe
Selbstbestimmung	Zwanghaft der Norm entsprechen

HOL DIR SUPPORTER:INNEN UND HEB DEINEN STIL AUF EIN NEUES LEVEL

Meine Mutter ist stolz auf mich. Nicht nur, weil ich es geschafft habe aufzusteigen, mehrere Unternehmen zu gründen und Jurorin bei *Die Höhle der Löwen* zu sein, sondern auch, weil ich inzwischen meinen ganz eigenen Stil besitze. Denn: Während andere Teens Ende der 1990er-Jahre Hüfthosen und Wasserfall-Tops trugen, um up to date zu sein, war mein Griff in den Kleiderschrank reiner Zufall.

Heute wähle ich sehr bewusst aus, was ich anziehe, und lasse mich von unterschiedlichen Quellen inspirieren und beraten. An erster Stelle: meine Stylistin Alice Juhas. Bepackt mit vollen Koffern und Kleiderstangen, besucht sie mich in regelmäßigen Abständen zu Hause, berät mich, wir testen Looks durch und finden immer wieder neue Sachen. Auch auf Instagram-Accounts finde ich Inspiration, was zur Folge hat, dass mein Handy voller Screenshots ist.

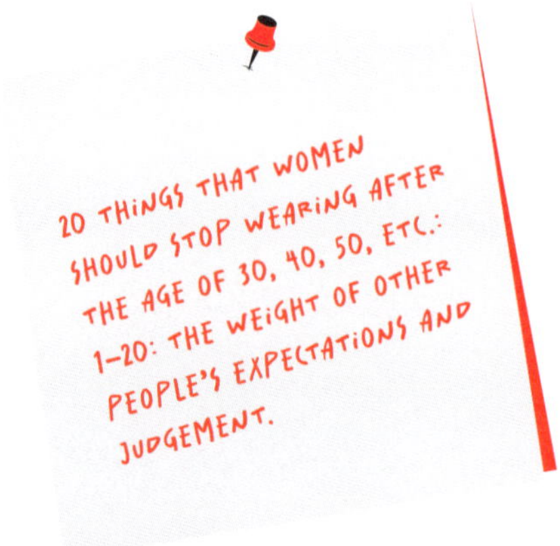

Es braucht Menschen, die dich supporten. Die dir aber auch ehrlich die Meinung sagen. Dir zu anderen Sichtweisen verhelfen. Die dich pushen oder auch mal ausbremsen. Beim Thema Mode kann das die beste Freundin sein, mit der du einkaufen gehst, die reflektierte und ehrliche Ansicht von Mentor:innen oder Partner:innen. Kannst du Leute aus deinem Umfeld benennen, die dir zu Inspiration, Motivation, aber auch Orientierung und ehrlicher Meinung in Sachen Mode verhelfen können?

TOP 1: ....

....

weil ....

....

TOP 2: ....

....

weil ....

....

TOP 3: ....

....

weil ....

....

TOP 4: ....

....

weil ....

....

WIR DECKEN DOPPELMORAL AUF

In der Medien-Berichterstattung sieht man im wahrsten Sinne des Wortes schwarz auf weiß, welchen Bewertungsmaßstäben Frauen in Bezug auf ihr Äußeres ausgesetzt sind. 2023 war es, als die britische *Daily Mail* zum Vergleich ansetzte. Letizia von Spanien und Schauspieler Colin Farrell, die sich beide mit grauen Haaren zeigten. Während Colin Farrell lobend als „silberner Fuchs" bezeichnet wurde, waren sich viele Stimmen im Netz einig, dass sich Letizia gehen lasse. Lass mich kurz überlegen: Hat schon mal jemand daran gedacht, dass Letizia schlichtweg keine Lust mehr hat, sich die Haare zu färben, und stattdessen lieber auf einen natürlichen Look setzt? Augenscheinlich geht es um dieselbe Sache – graue Haare –, und doch werden Frauen anders bewertet als Männer.

Zum Thema Doppelmoral fallen mir gleich drei weitere, anonyme Beispiele ein:

Er ist lässig, wenn er das Hemd nicht bis oben zugeknöpft trägt.
Sie ist leicht zu haben, weil ihr Rock über dem Knie endet.

Der Gründer des Start-ups überzeugt den Investor auch mit seinem Stil – er trägt Segelschuhe.
Die Gründerin sollte zum Pitch besser hohe Schuhe tragen. Hoch genug, damit sie Kompetenz ausstrahlt, aber nicht zu hoch, weil sie sonst wieder leicht zu haben wirkt.

Er trifft den aktuellen Modetrend, indem er einen Maxi-Mantel trägt.
Sie sollte einen langen Mantel wählen, wenn sie groß ist. Einen kurzen, wenn sie klein und zierlich ist. Bitte in Schwarz, Dunkelblau, Anthrazit oder Grau. Und einen Einreiher, unbedingt, weil es der Dresscode vorsieht.

Fallen dir drei Situationen ein, in denen du Mut aufbringen musst, um den Look zu tragen, der wirklich zu dir passt, obwohl er nicht der Norm entspricht und dir Kritik entgegenschwappen könnte? Schreib sie auf – und du wirst sehen: Der erste Schritt ist getan, damit es dir beim nächsten Mal leichter fällt.

1.

2.

3.

WARUM AUCH MAKE-UP FÜR MICH EIN STATEMENT IST

Mein Lippenstift und ich – das ist eine echte Erfolgsgeschichte. Im März 2023 launchte ich gemeinsam mit Douglas die Farbe „Red Tijen". Der Lippenstift war online innerhalb von 36 Stunden ausverkauft. Das hat mich auch deshalb so umgehauen, weil ich es liebe, Lippenstift zu tragen – mein Lippenstift ist meine Superkraft. Und offensichtlich geht es ganz vielen anderen Frauen da draußen genauso. Mit ihm kann ich (auch) meine Weiblichkeit ausdrücken. Meiner Freundin und Lieblingsfotografin Andrea verdanke ich es unter anderem, dass ich genau diese Weiblichkeit heute auch vor der Kamera lebe. Sie war es, die mich vor einigen Jahren dazu ermutigte, die ersten Fotos mit einem Touch mehr Weiblichkeit zu shooten.

Seither ist aus „ein bisschen" Weiblichkeit „ganz viel" Weiblichkeit geworden. Klar, dass das nicht jedem gefällt. Einer der Sprüche, die ich mir gefallen lassen musste: „Was simuliert Lippenstift? Rote Lippen sowie rote Wangen sind bei Frauen ein Zeichen von Erregung (Thema Durchblutung) und körperlicher Gesundheit. Also, geht schon in die Richtung flirten. Das gehört nicht ins professionelle Leben, sondern ist privat. Kann man nachlesen und hört man von klinischen Psychologen." Oder – der Klassiker schlechthin: „Kleiner Tipp, was sich im Businesskontext nicht gehört, ist, sich das Gesicht so bunt anzumalen – außer in bestimmten Berufszweigen."

Ob ich mich darüber aufgeregt habe? Nicht wirklich, weil ich mich nicht auf andere, sondern auf mich konzentriere. Mit der Folge: Ich habe aus dem Spruch, dass sich Lippenstift nur in bestimmen Berufszweigen gehört, einen Business-Case gemacht. Einen sehr erfolgreichen, wie man an „Red Tijen" sieht.

Eine Musterlösung, wie du dich wann am besten zu kleiden hast, werde ich dir nicht verraten können. Aber ich kann dir Fragen mit auf den Weg geben, damit du dir darüber abschließend Gedanken machen kannst, was wo wann wie zu dir passt. Viel Spaß!

1. **Worauf willst du in Zukunft in Sachen Mode Wert legen?**

2. **Was möchtest du darstellen und aussagen?**

3. **Wer kann dich dabei inspirieren?**

4. **Wie kannst du tagtäglich Grenzen setzen, wenn dir jemand sagt, wie du zu sein, dich zu kleiden und zu schminken hast?**

5. **Passt deine Mode in dein Umfeld – oder passt dein Umfeld nicht zu dir?**

6. **Möchtest du dem Modediktat etwas entgegensetzen – wenn ja: Warum. Und: was?**

MEMO AN DICH: DEINE GEDANKEN, VISIONEN, IDEEN UND BILDER

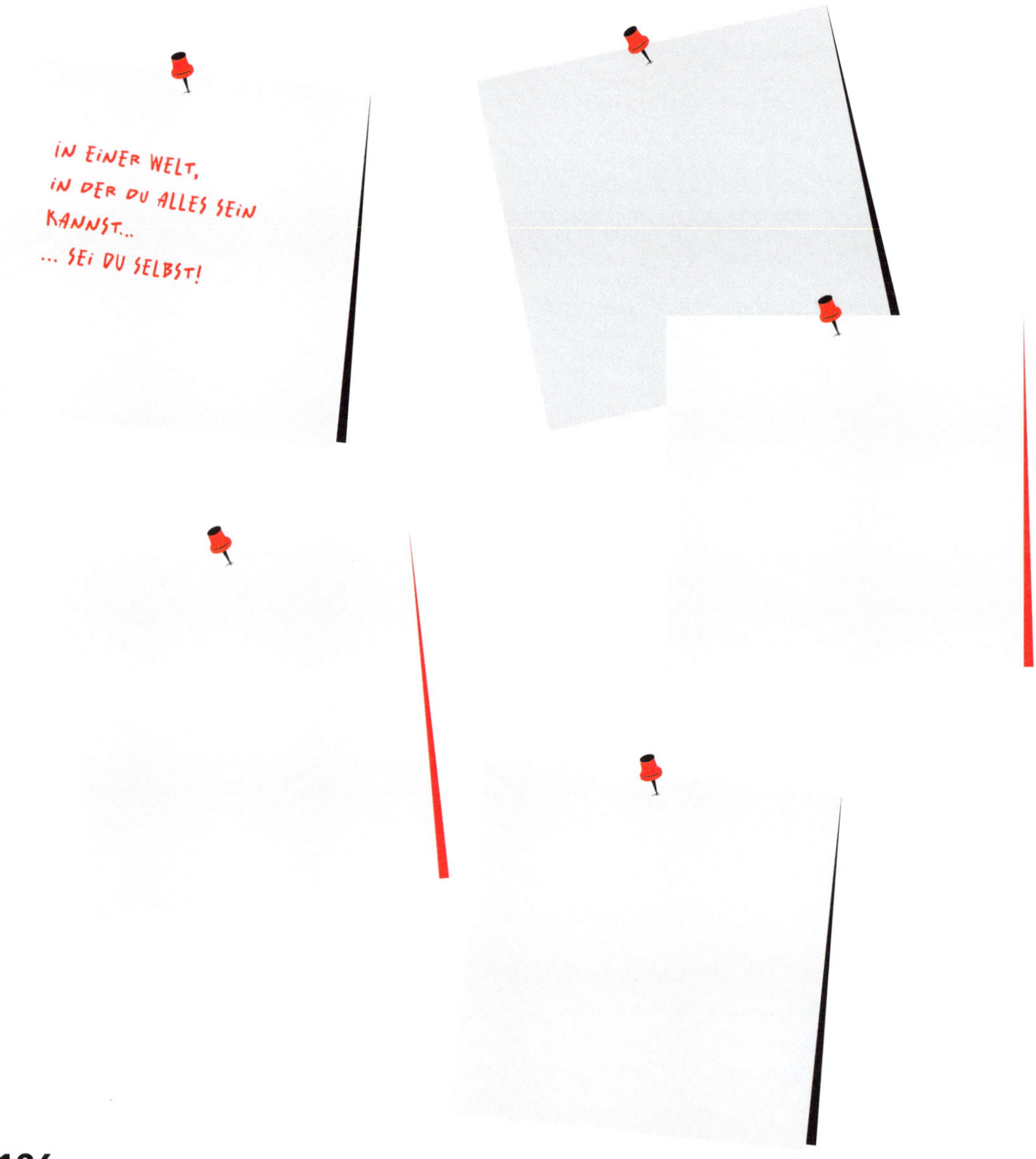

SCHREIB ES AUF!

SCHREIB
ES AUF!

SCHREIB ES AUF!

SCHREIB
ES AUF!

KAPITEL 07

VON VISIONEN UND TRÄUMEN: **THINK BIG**

DREAMLAND

Schau dich an, wie weit du schon gekommen bist! Hinter sechs Kapitel des Workbooks kannst du bereits einen Haken machen – erledigt! Du hast nachgedacht und etwas dazu aufgeschrieben. Vielleicht auch korrigiert, gedreht, gewendet. Bist zwei Schritte vor- und einen zurückgegangen. Jepp, das ist ausdrücklich erlaubt. Es gehört absolut und unbedingt dazu. In jedem Fall bist du deinen Zielen, Träumen und Visionen ganz sicher ein großes Stück näher gekommen.

Nun liegt noch ein letztes Kapitel vor dir. Und wenn du an dieser Stelle dein neues Ich noch nicht zu hundert Prozent fühlen solltest, dann sage ich dir: Überhaupt kein Problem, denn das *kann* noch gar nicht das Ende sein. Ganz im Gegenteil: Die Meinung, die du heute vertrittst, deine Ziele und Visionen, der Weg, den du eingeschlagen hast: Das darf in wenigen Wochen völlig anders sein. DU darfst anders sein, denn das Leben ist ein stetiger Wandel, es *ist* Veränderung. *It's all about progress.* Gut möglich, dass du – wenn du in ein paar Monaten noch einmal durch das Buch blätterst – sogar schmunzeln wirst, weil du erkennst: Das hier war noch nicht alles, das hier war erst der Anfang!

Heute jedenfalls feiere ich dich – und deinen Erfolg. Denn es braucht schon einiges, um ein Workbook à la Tijen durchzuarbeiten. Mut, Durchhaltewillen, Energie, Self Empowerment. Also halte an dieser Stelle gerne kurz inne und stell dich imaginär dorthin, wo du hingehörst: Auf. Einen. Thron.

Mir selbst ist es lange Zeit nämlich nicht gelungen, meine Erfolge zu genießen. Bei dem Tempo, das ich gehe, würden manche direkt aussteigen. Ich tu's nicht, weil ich das, was ich mache, lebe und liebe. Natürlich bin ich angetrieben von meiner Sozialisation, ich bin Unternehmerin und muss die Löhne der Kolleg:innen bezahlen. Nicht zuletzt ist da der Impact, den ich schaffen will. All das braucht Zeit und Mühe. Aber es braucht eben auch Momente, in denen man innehält. Zurückschaut. Sich zurücklehnt. Stolz ist. Um dann wieder neu durchzustarten. Mir gelingt das nicht immer, aber immer öfter. Eine Hilfe sind mir dabei meine beiden großen Anker, also Hauptthemen, die ich über das Jahr hinweg wahrmachen möchte. Im Vorwort habe ich dir davon berichtet, und daran halte ich mich fest. Du inzwischen auch?

Auf einer Skala von 1 bis 10:
Wie nah bist du deinen Ankern?
Sind es noch dieselben?
Und wenn ja – warum?
Oder warum nicht?

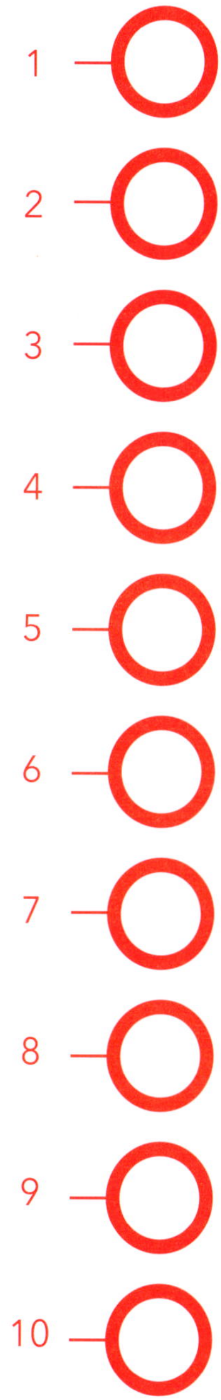

LEARNINGS FÜRS LEBEN

Man nehme Ziele, konkretisiere sie und bleibe einfach dran – wenn's nur immer so einfach wäre. Ich habe irgendwann aufgehört zu zählen, wie oft ich umgefallen und wieder aufgestanden bin – das hast du in den vergangenen Kapiteln erfahren. Und auch, wie viele Misserfolge vor den Erfolgen kamen. Wie oft mir jemand gesagt hat, wie ich zu sein, was ich zu tun und wie ich mich zu verhalten hätte. Die größte Lebensaufgabe für mich ist, den Mut aufzubringen, immer wieder die zu sein, die ich wirklich bin. Das lässt sich lernen – indem man seine Schlüsse aus Erfahrungen zieht, nachjustiert, wenn's mal nicht so gelaufen ist wie gewünscht, und sich jedes Mal aufs Neue in die richtige Richtung ausrichtet. Folgende Learnings und Leitsprüche machen mich stark – heute und in Zukunft:

1. Wer Frauen unterschätzt, verschätzt sich.
2. *When they say you can't do it, do it twice and take pictures.*
3. Keine faulen Kompromisse, keine halben Sachen. All in!
4. Fehler machen ist erlaubt, entscheidend ist, wie du damit umgehst.
5. Wer nicht fragt, hat schon ein Nein kassiert.
6. Menschen nehmen dich subjektiv wahr – das hat nichts mit dir und deiner Person zu tun.
7. Ausnahmesituationen sind nie von Dauer und – wenn du dein Leben im Großen und Ganzen und über Jahre hinweg im Blick behältst – die Ausnahme. Was daran gut ist: Sie machen dich ausnahmslos stark.
8. Alle kochen nur mit Wasser.
9. *Surround yourself with people who would mention your name in a room full of opportunities.*
10. Be your own f*cking hero.

Zehn meiner zentralen Gedanken habe ich für dich oben notiert. Jeder einzelne könnte eine Affirmationskarte sein. Welche Learnings sollen dich ab jetzt prägen? Welche Leitsprüche möchtest du auf das Leben, auf die Partnerschaft, auf Freundschaften und aufs Business übertragen?

1.

2.

3.

4.

5.

6.

7.

8.

9.

10.

VON A WIE ATTITÜDE BIS Z WIE ZEN-MEDITATION

Willkommen auf den letzten Seiten des Workbooks. Bisher habe ich dir immer vorab verraten, was mich bewegt, dann warst du dran. Jetzt gelten neue Spielregeln, und wir beide gehen miteinander los – bevor du abschließend im letzten Teil des Buches in deinen 8-Wochen-Plan startest.

Und darum geht's: Damit du stets gut gerüstet bist, lass uns jetzt gemeinsam ein Empowerment-ABC kreieren. Das soll dir den finalen Push geben und dir Kraft und Mut schenken, wenn du down bist. Empowerment in kleinen Dosen quasi und eine schnelle Zusammenfassung des ganzen Buches. Aufgepasst also, jetzt kommt ein buntes Sammelsurium an Themen und Begriffen, mit denen du sicher regelmäßig in Berührung kommst. Ich gebe alle Buchstaben vor – einige fülle ich mit meinen Begriffen aus. Beim Rest bist du dran (du kannst meine Begriffe natürlich auch ergänzen) – *teamwork makes the dream work.*

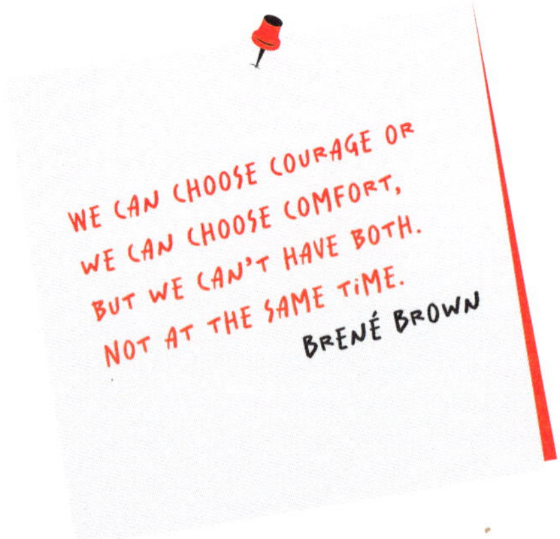

A - ATTITÜDE. Für deine Positionierung und Sichtbarkeit brauchst du Selbstvertrauen. Eine gewisse Attitude, also Haltung, ist wichtig – aber bitte immer mit Inhalten.

B - BODENSTÄNDIGKEIT. Die versuche ich niemals zu verlieren. Ganz besonders erden mich Besuche in meiner Heimatstadt Karlsruhe.

C - CHAPTER. This current chapter of my life is called: my turn.

D - DEINE Geschichte solltest nur du selbst erzählen und niemand anderes.

E - ENTSCHEIDUNGSTISCHE selbst bauen! Denn: Never beg for a seat, when you can build your own table.

F - FRAUENFÖRDERUNG brauchen wir meiner Meinung nach nicht. Frauen müssen nicht gefördert werden. Eine Beförderung würde es schon tun.

G - ....

....

....

H - ....

....

....

I - ....

....

....

J - ....

....

....

K - KARMA is a bitch.

L - ……………………………………………………………

……………………………………………………………………

……………………………………………………………………

M - MALE ALLYSHIP. Wünsche ich mir noch viel mehr. Wir Frauen können uns noch so sehr für Diversität einsetzen, wir brauchen Männer, die ihre Macht und ihre Privilegien benutzen, um für Geschlechtergerechtigkeit zu sorgen.

N - NERVOSITÄT ist an sich nichts Schlimmes, sondern völlig menschlich. Ich sehe es positiv: So spürt man, dass der Mensch mit Leidenschaft dabei ist.

O - ……………………………………………………………

……………………………………………………………………

……………………………………………………………………

P - PARTNERSCHAFTEN. Karriere beginnt meiner Meinung nach schon damit, mit wem du Tisch und Bett teilst.

Q - ……………………………………………………………

……………………………………………………………………

……………………………………………………………………

R - RESPEKT. Den sollte man niemals verlieren. Auf keinem Panel, in keiner Diskussion. Aber vor allem niemals vor sich selbst.

S - ……………………………………………………………

……………………………………………………………………

……………………………………………………………………

T - ……………………………………………………………

……………………………………………………………………

……………………………………………………………………

U - ....

....

....

V - VERTRAUEN ist unerlässlich, damit Menschen einen Platz in deinem Inner Circle erhalten.

W - ....

....

....

X - ....

....

....

Y - YES, YOU CAN!

Z - ZEN-MEDIATIONEN oder lass es andere Rituale sein – wichtig ist, dass du immer wieder zu dir findest. Bei mir ist es Laufen, das mich abschalten lässt. Und der Fokus auf mich selbst – ich möchte mich nicht vergleichen, nicht jemand anderes sein. Ich bin ich. Und du bist du.

DEIN 8-WOCHEN-PLAN

Auch wenn du dein Workbook nun beendet hast, möchte ich dir noch ein Inspirationstool mit an die Hand geben, das ein treuer Begleiter in den nächsten acht Wochen sein wird. Du ahnst es – ich setze alles daran, dass du nicht aufgibst und dich weiterentwickelst ... Wie der 8-Wochen-Plan funktioniert? Du kannst anhand der unterschiedlichen Punkte Woche für Woche überprüfen, ob du an dir und deinem Mindset gearbeitet hast, ob du Fortschritte gemacht hast – und wo du in der nächsten Woche neuen Schwung holen kannst. Natürlich ist es auch erlaubt, eigene Schwerpunkte zu setzen, Fragen zu ersetzen – oder ganz wegzulassen. Wie immer gilt: Du bist Autorin deiner eigenen Geschichte – your own f*cking hero. Immer im Blick: die Anker, über die wir im Vorwort und am Anfang dieses Kapitels gesprochen haben und die deine großen Ziele wahrmachen sollen. Und das Beste daran: Du kannst den 8-Wochen-Plan unendlich für dich verlängern – weil (persönliches) Wachstum ein stetiger Prozess ist und niemals aufhört.

MUT-MOMENT

Mein Workbook ist ein echtes Herzensprojekt, um dich zu empowern – und schau mal an, wie weit du es schon geschafft hast. Here you are! Nicht nur dein 8-Wochen-Plan steht bereit zum Ausfüllen, auch Social Media wartet auf dich – und damit natürlich ich. Berichte mir von deinen Erfolgen, tagge mich und folge mir gern auf LinkendIn, Instagram und TikTok. Klar, im Netz sichtbar zu sein, braucht Mut. Das ist DEIN Mut-Moment, next level.

MEIN EXTRA-TIPP:

AM BESTEN MARKIERST DU DIR EINEN TERMIN IM KALENDER, AN DEM DU FÜR DICH CHECKST, WAS IN DER VERGANGENEN WOCHE PASSIERT IST, WELCHE THEMEN DICH BESCHÄFTIGT HABEN, WO DU AKTUELL STEHST – UND DU WIRST SEHEN: DAS AUSFÜLLEN DES PLANS PASSIERT FAST VON ALLEIN. VERGISS DABEI NIE:

1. ICH SITZE AUF DEINER SCHULTER, REDE DIR GUT ZU UND SUPPORTE DICH.
2. ES IST DEIN LEBEN. WARTE NICHT AUF DEN TAG, DER VIELLEICHT NIEMALS KOMMT. DEIN TRAUM WIRD SICH VIELLEICHT NIE ERFÜLLEN, WENN DU NICHT HEUTE DAMIT STARTEST, IHN ZU REALISIEREN. TIME IS NOW.

Woche 1

Mein Mut-Moment der Woche: ....

....

....

....

Sichtbar bin ich geworden durch: ....

....

....

....

Sichtbar gemacht habe ich: ....

....

....

....

Auf Social Media bin ich sichtbar geworden durch: ....

....

....

....

Das habe ich für meine Personal Brand getan: ....

....

....

....

Für diesen Wert/für diese Werte bin ich eingestanden: ....

....

....

....

So habe ich mein Netzwerk gepflegt: ....

....

....

....

So habe ich mit meinem Inner Circle Kontakt gehalten: ....

....

....

....

Finanzen, Money-Mindset und Co. – das lief besonders gut: ....

....

....

....

Auf diese Weise haben mich Mode und Make-up begleitet: ....

....

....

....

Diese/n positiven Gedanken habe ich gefasst: ....

....

....

....

Von diesem Menschen, dieser Sache, diesem Gedanken habe ich diese Woche Abstand genommen: ....

....

....

Mein Empowerment-Spruch der Woche: ....

....

....

Woche 2

Mein Mut-Moment der Woche: ....

....

....

....

Sichtbar bin ich geworden durch: ....

....

....

....

Sichtbar gemacht habe ich: ....

....

....

....

Auf Social Media bin ich sichtbar geworden durch: ....

....

....

....

Das habe ich für meine Personal Brand getan: ....

....

....

....

Für diesen Wert/für diese Werte bin ich eingestanden: ....

....

....

....

So habe ich mein Netzwerk gepflegt:

So habe ich mit meinem Inner Circle Kontakt gehalten:

Finanzen, Money-Mindset und Co. – das lief besonders gut:

Auf diese Weise haben mich Mode und Make-up begleitet:

Diese/n positiven Gedanken habe ich gefasst:

Von diesem Menschen, dieser Sache, diesem Gedanken habe ich diese Woche Abstand genommen:

Mein Empowerment-Spruch der Woche:

Woche 3

Mein Mut-Moment der Woche: ....

....

....

....

Sichtbar bin ich geworden durch: ....

....

....

....

Sichtbar gemacht habe ich: ....

....

....

....

Auf Social Media bin ich sichtbar geworden durch: ....

....

....

....

Das habe ich für meine Personal Brand getan: ....

....

....

....

Für diesen Wert/für diese Werte bin ich eingestanden: ....

....

....

....

So habe ich mein Netzwerk gepflegt:

So habe ich mit meinem Inner Circle Kontakt gehalten:

Finanzen, Money-Mindset und Co. – das lief besonders gut:

Auf diese Weise haben mich Mode und Make-up begleitet:

Diese/n positiven Gedanken habe ich gefasst:

Von diesem Menschen, dieser Sache, diesem Gedanken habe ich diese Woche Abstand genommen:

Mein Empowerment-Spruch der Woche:

Woche 4

Mein Mut-Moment der Woche: ....

....

....

....

Sichtbar bin ich geworden durch: ....

....

....

....

Sichtbar gemacht habe ich: ....

....

....

....

Auf Social Media bin ich sichtbar geworden durch: ....

....

....

....

Das habe ich für meine Personal Brand getan: ....

....

....

....

Für diesen Wert/für diese Werte bin ich eingestanden: ....

....

....

....

So habe ich mein Netzwerk gepflegt:

So habe ich mit meinem Inner Circle Kontakt gehalten:

Finanzen, Money-Mindset und Co. – das lief besonders gut:

Auf diese Weise haben mich Mode und Make-up begleitet:

Diese/n positiven Gedanken habe ich gefasst:

Von diesem Menschen, dieser Sache, diesem Gedanken habe ich diese Woche Abstand genommen:

Mein Empowerment-Spruch der Woche:

Woche 5

Mein Mut-Moment der Woche: ....

....

....

....

Sichtbar bin ich geworden durch: ....

....

....

....

Sichtbar gemacht habe ich: ....

....

....

....

Auf Social Media bin ich sichtbar geworden durch: ....

....

....

....

Das habe ich für meine Personal Brand getan: ....

....

....

....

Für diesen Wert/für diese Werte bin ich eingestanden: ....

....

....

....

So habe ich mein Netzwerk gepflegt:

So habe ich mit meinem Inner Circle Kontakt gehalten:

Finanzen, Money-Mindset und Co. – das lief besonders gut:

Auf diese Weise haben mich Mode und Make-up begleitet:

Diese/n positiven Gedanken habe ich gefasst:

Von diesem Menschen, dieser Sache, diesem Gedanken habe ich diese Woche Abstand genommen:

Mein Empowerment-Spruch der Woche:

Woche 6

Mein Mut-Moment der Woche: ....

....

....

....

Sichtbar bin ich geworden durch: ....

....

....

....

Sichtbar gemacht habe ich: ....

....

....

....

Auf Social Media bin ich sichtbar geworden durch: ....

....

....

....

Das habe ich für meine Personal Brand getan: ....

....

....

....

Für diesen Wert/für diese Werte bin ich eingestanden: ....

....

....

....

So habe ich mein Netzwerk gepflegt:

So habe ich mit meinem Inner Circle Kontakt gehalten:

Finanzen, Money-Mindset und Co. – das lief besonders gut:

Auf diese Weise haben mich Mode und Make-up begleitet:

Diese/n positiven Gedanken habe ich gefasst:

Von diesem Menschen, dieser Sache, diesem Gedanken habe ich diese Woche Abstand genommen:

Mein Empowerment-Spruch der Woche:

Woche 7

Mein Mut-Moment der Woche:

Sichtbar bin ich geworden durch:

Sichtbar gemacht habe ich:

Auf Social Media bin ich sichtbar geworden durch:

Das habe ich für meine Personal Brand getan:

Für diesen Wert/für diese Werte bin ich eingestanden:

So habe ich mein Netzwerk gepflegt: ....

....

....

....

So habe ich mit meinem Inner Circle Kontakt gehalten: ....

....

....

....

Finanzen, Money-Mindset und Co. – das lief besonders gut: ....

....

....

....

Auf diese Weise haben mich Mode und Make-up begleitet: ....

....

....

....

Diese/n positiven Gedanken habe ich gefasst: ....

....

....

....

Von diesem Menschen, dieser Sache, diesem Gedanken habe ich diese Woche Abstand genommen: ....

....

....

Mein Empowerment-Spruch der Woche: ....

....

....

Woche 8

Mein Mut-Moment der Woche:

Sichtbar bin ich geworden durch:

Sichtbar gemacht habe ich:

Auf Social Media bin ich sichtbar geworden durch:

Das habe ich für meine Personal Brand getan:

Für diesen Wert/für diese Werte bin ich eingestanden:

So habe ich mein Netzwerk gepflegt:

So habe ich mit meinem Inner Circle Kontakt gehalten:

Finanzen, Money-Mindset und Co. – das lief besonders gut:

Auf diese Weise haben mich Mode und Make-up begleitet:

Diese/n positiven Gedanken habe ich gefasst:

Von diesem Menschen, dieser Sache, diesem Gedanken habe ich diese Woche Abstand genommen:

Mein Empowerment-Spruch der Woche:

MEMO AN DICH: DEINE GEDANKEN, VISIONEN, IDEEN UND BILDER

SCHREIB
ES AUF!

„SCHWIERIG
ODER KOMPLIZIERT, SO
WERDEN FRAUEN GERNE MAL BEZEICHNET.
ZU FORDERND GEHT NICHT,
ZU ZURÜCKHALTEND ERST RECHT NICHT.
AUF ALL DIE SCHWIERIGEN UND
KOMPLIZIERTEN FRAUEN –
ICH FEIERE EUCH!“

Unsere Leseempfehlung

224 Seiten
Auch als E-Book
erhältlich

Mut bedeutet, du selbst zu sein – doch oft verlässt er uns in den entscheidenden Momenten. Genau dieses Gefühl kennt die erfolgreiche Unternehmerin Tijen Onaran. Als Kind türkischer Eltern baute sie sich aus dem Nichts alles selbst auf. Immer wieder wurde sie damit konfrontiert, sie sei zu laut, zu leise, zu sexy, zu langweilig. Bis ihr klar wurde: Ich bin genau richtig! In *Be Your Own F*cking Hero* erzählt Tijen, wie sie den Mut gefunden hat, ihren eigenen Weg zu gehen. Mit ihrer Geschichte motiviert sie alle, ihr Glück in die Hand zu nehmen: »Werde zur Heldin deines Lebens. Be your own f*cking hero!«